믿음과 사명으로 공동체를 세우는

구역예배공과

21세기 구역공과 편찬위원회

믿음과 사명으로 공동체를 세우는
구역예배공과

초판 1쇄   2026년 1월 1일

지 은 이   21세기 구역공과 편찬위원회
발 행 인   이규종
펴 낸 곳   엘맨출판사
등록번호   제13-1562호(1985.10.29.)
주   소   서울시 마포구 토정로 222
            한국출판콘텐츠센터 422-3
전   화   (02) 323-4060, 6401-7004
팩   스   (02) 323-6416
이 메 일   elman1985@hanmail.net

www.elman.kr

ISBN   978-89-5515-806-9 03230

이 책에 대한 무단 전재 및 복제를 금합니다.
잘못된 책은 구입하신 서점에서 바꿔드립니다.

값 8,000 원

믿음과 사명으로 공동체를 세우는

구역예배공과

21세기 구역공과 편찬위원회

인사의 글

　우리의 삶의 과정에서 영혼을 살찌우는 일은 무엇보다도 중요합니다. 신앙의 기초를 든든히 하는 일, 믿음의 기둥을 세우는 일, 그리고 바람이 불어도 날아가지 않을 지붕을 씌우는 일, 이 모든 것이 예배와 교육으로 이루어집니다. 구역예배는 글자 그대로 구역식구들이 모여서 하나님께 예배드리는 시간입니다. 그런 가운데 말씀을 읽고, 듣고, 마음에 새기게 됩니다. 그러기에 기독교의 예배는 그 자체가 교육입니다. 그리고 구역식구들이 모여서 예배와 함께 성도의 교제를 나누는 귀한 공동체적 시간입니다. 이 시간을 통하여 우리의 믿음과 신앙생활이 성장하고 발전합니다. 그러므로 우리는 구역예배를 소홀히 해서는 안 됩니다.

　이번 공과는 신앙생활의 기초가 되는 주제들을 다시 한번 살펴보면서, 그동안 흐트러졌던 우리들의 신앙의 자세를 추스르고, 하나님께 더 가까이 다가설 수 있도록 하였습니다. 그리고 구역식구들이 함께 읽고 기도하도록 쉽게 만들었습니다.

　아무튼 구역예배를 통하여 개인의 영적 성장과 함께 교회의 성장이 이루어지기를 기대하며, 이 교재를 이용하는 모든 교회에 하나님의 크신 사랑이 함께 하시기를 기도합니다.

21세기 구역공과 편찬위원회

공과 교재 활용 지침서

본 공과 교재는 성경적인 강해설교를 요약 정리하여 각 교회에서 활용할 수 있도록 교재로 편집한 내용입니다. 여러 가지 미비하고 부족한 점이 있더라도 널리 이해해 주시리라 믿습니다.

1. 먼저 다함께 찬송을 부릅니다.
2. 구역(목장, 셀, 순)의 식구 중에 한 사람이 기도를 인도하거나 리더가 합심기도를 인도합니다.
3. 그날 주어진 본문 말씀을 함께 교독 혹은 합독으로 읽습니다.
4. 구역 리더가 공과 내용을 요약 정리하여 설명하거나 구역원이 돌아가면서 공과 내용을 함께 읽습니다. 그러나 미리 예습을 해오는 것이 진행에 도움이 됩니다.
5. 나눔의 시간에 1,2,3번의 순서에 따라 진솔하게 나눕니다.
   - 서로 나눌 때 구역원이 소외되지 않도록 돌아가면서 나누십시오.
   - 그러나 부작용이 생길 수 있음으로 강요는 하지 말아야 합니다.
   - 그리고 새로 참석하신 새 가족을 배려해 주어야 합니다.
   - 특별히 개인적인 비밀을 나누었을 때는 비밀을 지켜주어야 합니다.
6. 함께 공유할 기도제목을 나누고 전도할 대상자들을 위하여 합심으로 기도하는 시간을 가집니다.
7. 마지막 찬송을 부르고 주기도문으로 모임을 마칩니다.
8. 풍성한 나눔을 통하여 서로 더 깊이 알아가고 친숙해지며 건강한 공동체로 세워질 수 있기를 소망합니다.

차례

1월
제1과 새로운 삶의 시작 • 10
제2과 뜻을 정한 인생 • 14
제3과 복 주시기 원하시는 하나님 • 18
제4과 오실 그이가 당신이오니이까 • 22
제5과 부르시는 주님의 음성 • 26

2월
제6과 봉사와 섬김 • 32
제7과 아낌없이 주시는 하나님 • 36
제8과 십자가의 도 • 40
제9과 우리 가운데 계신 분 • 44

3월
제10과 믿음의 필수성 • 50
제11과 믿음의 성격(1) • 54
제12과 믿음의 성격(2) • 58
제13과 믿음의 법칙(1) • 62

4월
제14과 믿음의 법칙(2) • 68
제15과 믿음에 의한 삶을 위한 주요 요소(1) • 72
제16과 믿음에 의한 삶을 위한 주요 요소(2) • 76
제17과 믿음에 의한 삶을 위한 주요 요소(3) • 80

5월

제18과 믿음의 가정 • 86
제19과 대를 잇는 신앙의 가정 • 90
제20과 너희 자녀를 위해 울라 • 94
제21과 하나님께서 원하시는 것 • 98
제22과 하나님을 아는 지식 : 믿음 • 102

6월

제23과 증인의 삶 • 108
제24과 기도와 사명 • 112
제25과 예수님의 마음 • 116
제26과 내 양은 내 음성을 들으며 • 120

7월

제27과 불평이 아닌 감사로 • 126
제28과 의견의 불일치를 넘어 • 130
제29과 회개에 합당한 열매를 맺으라 • 134
제30과 너희는 나를 누구라 하느냐 • 138

8월

제31과 나를 따르라 • 144
제32과 내 영혼이 주를 갈망합니다 • 148
제33과 영원을 사모하는 마음 • 152
제34과 하나님께서 일하십니다 • 156
제35과 네가 나를 사랑하느냐 • 160

9월

제36과 부자와 거지 나사로 • 166
제37과 이 사람도 아브라함의 자손이라 • 170
제38과 나와 무슨 상관이 있나이까 • 174
제39과 내가 너희를 사랑하였노라 • 178

10월

제40과 여호와로 인하여 기뻐하는 것 • 184
제41과 너희 행위를 살필지니라 • 188
제42과 주의 일을 수년 내에 부흥케 하옵소서 • 192
제43과 영생하도록 솟아나는 샘물 • 196
제44과 다른 복음은 없나니 • 200

11월

제45과 성령의 능력 • 206
제46과 사랑하게 하시는 성령 • 210
제47과 감사 굳히기 • 214
제48과 성령이 임하면 • 218

12월

제49과 예수님의 계절 • 224
제50과 예수 • 228
제51과 한 사람을 찾아오신 예수님 • 232
제52과 마리아의 아들 예수 • 236

1월

◆

제1과　새로운 삶의 시작
제2과　뜻을 정한 인생
제3과　복 주시기 원하시는 하나님
제4과　오실 그이가 당신이오니이까
제5과　부르시는 주님의 음성

제1과
새로운 삶의 시작
성경: 행 19:1-7절 / 찬송: 552장

"바울이 이르되 요한이 회개의 세례를 베풀며 백성에게 말하되 내 뒤에 오시는 이를 믿으라 하였으니 이는 곧 예수라 하거늘"(4절)

사도 바울은 제3차 전도여행을 시작하며 제2차 전도여행 때 방문했던 에베소를 다시 방문하게 됩니다. 그리고 이후 3년여를 에베소에 머물며 복음을 전하고 제자를 양육하였는데 성경은 그 때 일어난 한 가지 일을 이렇게 소개하고 있습니다.

사도 바울이 에베소에서 '어떤 제자들'을 만난 후 그들에게 묻습니다. "너희가 믿을 때에 성령을 받았느냐(2절)" 그랬더니 그들이 대답하기를 "우리는 성령이 계심도 듣지 못하였노라"라고 합니다. 바울이 다시 묻습니다. "그러면 너희가 무슨 세례를 받았느냐(3절)" 그들이 대답하길 "요한의 세례니라"라고 합니다.

이들의 대화를 통해 알 수 있는 것은 사도 바울의 신앙과 그가 만난 제자들의 신앙에 차이가 있다는 것입니다. 이들의 신앙에서 가장 큰 차이가 무엇인지 아시겠습니까? 바로 '예수님에 관하여 아는 것과 예수님을 아는 것의 차이'입니다.

본문에서 언급한 제자들이 세례 요한이 베푼 세례를 받았고 세례 요한이 전한 메시아(예수님)에 관한 소식을 들었더라도 이는 예수님을 직접 만나고 경험한 것과는 분명 차이가 있습니다. 어떤 이유에서인지 이 제자들은 세례 요한은 알았고 그에게 세례도 받았으나 이후 세례 요한

이 자신의 사명을 다하며 전하고자 했던 예수님은 경험적으로 알지 못했던 것입니다.

그러나 우리가 잘 알 듯이 사도 바울은 다릅니다. 바울도 자칫 예수님을 모를 뻔 했습니다만, 바울은 예수 믿는 사람들을 잡아 예루살렘으로 끌어오려고 다메섹으로 가던 중 부활하신 예수님을 직접 만나는 경험을 했습니다(행 9장). 그때의 경험이 얼마나 강렬했던지 그 한 번의 경험으로 인하여 사도 바울의 삶은 송두리째 변화 되었습니다. 그만큼 예수님을 깊이 경험했습니다. 예수님을 경험하면 분명 이전과는 다른 삶을 살게 됩니다. 결코 옛 삶으로 돌아가지 않을 분명한 이유를 발견하게 됩니다.

예수님께서 승천하신 이후 우리가 예수님의 은혜와 사랑을 깊이 경험하는 일은 성령을 통해서만 가능합니다. 그렇기에 사도 바울은 자신과 자신이 만난 어떤 제자들과의 신앙의 차이를 '성령을 받았는가'로 구분하며 그들도 예수님을 경험적으로 알아가기를 소망하고 있습니다.

사도 바울은 자신이 그러했던 것처럼 모든 성도가 예수님의 사랑을 경험으로 알기 원하는 마음을 에베소서 3장 18~19절에서 이렇게 표현합니다.

"능히 모든 성도와 함께 지식에 넘치는 그리스도의 사랑을 알고 그 너비와 길이와 깊이가 어떠함을 깨달아 하나님의 모든 충만하신 것으로 너희에게 충만하게 하시기를 구하노라"

사도 바울이 전하고자 하는 것은 너무나도 분명합니다. 예수님을 경험함으로 깊이 알아갈 때 우리의 힘과 지식만으로는 알 수도 없고 느낄 수도 없는 영적인 충만함을 경험한다는 것입니다. 그만큼 예수님을 깊이 경험하는 삶이 귀합니다.

　새해에는 성령의 충만함을 받아 이전보다 더욱 예수님을 깊이 경험함으로 알아가는 삶이 되기를 사모했으면 좋겠습니다.

함께 나누기

1. 새해 신앙 안에서 이루고자 하는 소망이 있다면 나누어 봅시다.

2. 예수님을 깊이 알아가게 된 경험이 있다면 나누어 봅시다. 이후 삶에 어떤 변화가 생겼습니까?

3. 올 한해 은혜 받는 습관을 만들어간다고 할 때 어떤 습관을 위해 힘쓰시겠습니까? (예: 기도, 말씀 읽기, 전도)

한 주간의 기도 제목

나 _____
가정 _____
교회 _____

제2과
뜻을 정한 인생
성경: 단 1:1-21절 / 찬송: 435장

"다니엘은 뜻을 정하여 왕의 음식과 그가 마시는 포도주로 자기를 더럽히지 아니하리라 하고 자기를 더럽히지 아니하도록 환관장에게 구하니"(8절)

누군가로부터 등 떠밀려 억지로 하루하루 신앙생활을 해나가고 있는 것은 아닌지 생각해 보아야 합니다. 혹시 직분 때문에, 또는 목사님께 눈치가 보여서, 아니면 지난 수십 년을 해온 습관이기에 교회에 나오는 때는 없는지요? 새해에는 달라져야 합니다.

주님을 사랑하면 사랑할수록 더욱 사랑하게 되고 감사하면 할수록 더욱 감사가 넘치기에 그 은혜에 감격하여 드려지는 신앙생활이 되어야 합니다. 그리고 그렇게 되기 위해서는 우리의 마음가짐부터 달라져야 합니다.

오늘 본문을 보면 '다니엘이 뜻을 정했다'고 말합니다. 그런데 다니엘과 그의 친구들이 처한 상황을 보면 이것이 너무나도 놀라운 결정임을 알 수 있습니다. 다니엘을 비롯한 세 친구들은 지금 자신의 조국 남왕국 유다가 바벨론에 멸망당함으로 전쟁 포로가 되어 바벨론에 끌려와 있습니다. 학자들은 이때 다니엘의 나이가 대략 14~17세 정도였을 것이라고 추정합니다. 어린 나이에 나라는 망하고 먼 이국땅에 포로로 끌려와야만 했습니다. 또 끌려온 바벨론에서 익숙한 유대교의 교육이 아닌 바벨론의 교육을 받아야만 했으며 심지어 이름까지도 바벨론 식으로 바꾸어야만 했습니다. 어느 것 하나 익숙하거나 쉬운 것이 없는 현실을 마주하게 된 것입니다.

낙심과 절망이라는 단어가 먼저 눈앞에 아른거릴 수밖에 없는 상황 속에서 성경은 다니엘과 그의 친구들이 '뜻을 정했다'고 말합니다. '뜻을 정하여'에 해당하는 히브리어 '야셈 알 리보'는 '마음을 결정하다'라는 의미를 품고 있습니다. 유대인들에게 있어서 마음은 생명의 근원이 나오는 곳입니다(잠 4:23). 그렇기에 다니엘과 세 친구들이 뜻을 정했다는 것은 단순히 이것저것 해보자고 즉석에서 하나마나한 결정을 했다는 것이 아닙니다. 그들은 자신의 전 인격을 다 드리는 결정을 하고 그것에 목숨을 걸었다는 것을 의미합니다.

성경은 다니엘과 세 친구들이 왜 왕이 하사하는 음식과 포도주가 자신들을 더럽힌다고 생각했는지 분명히 밝히고 있지는 않습니다만 많은 학자들은 왕이 하사하는 음식이 율법의 음식 규정(레 11장)에 어긋났거나 또는 우상에게 먼저 바쳐졌던 음식이었을 것이라고 말을 합니다. 결국 다니엘과 세 친구들은 비록 나이는 어리고 처한 환경은 변하였을지라도 하나님을 믿고 따르는 신앙을 포기할 수 없다고 굳게 뜻을 정했던 것입니다.

많은 사람들이 새해가 되면 여러 가지 소원과 더불어 다짐을 하곤 합니다. 일상에서의 작은 습관을 위한 다짐부터 신앙에 이르기까지 종류도 다양합니다. 그런데 우리가 알아야 할 것은 다짐을 하는 것 이상으로 그 다짐을 지켜가는 것이 중요하다는 사실입니다.

뜻을 정했으면, 그 뜻을 위해 시간과 물질을 들이고 마음을 써가며 자신의 정한 뜻이 하나님의 은혜 안에서 이루어지기까지 헌신해야 합니다. 그래야 하나님께서 변화를 일으키십니다. 다니엘과 세 친구들이 뜻을 정한 후 행한 일을 보십시오.

"자기를 더럽히지 아니하도록 환관장에게 구하니(8절)"

"청하오니 당신의 종들을 열흘 동안 시험하여 채식을 주어 먹게 하고 물을 주어 마시게 한 후에 당신 앞에서 우리의 얼굴과 왕의 음식을 먹는 소년들의 얼굴을 비교하여 보아서 당신이 보는 대로 종들에게 행하소서 하매(12~13절)"

나이도 어리고 포로로 끌려온 신분임에도 환관장에게 나아가 자신의 의견을 제시하고 설득하는 일이 쉬웠을까요? 하나님을 향한 뜨거운 마음과 하나님께서 반드시 일을 이루실 것이라는 간절한 믿음과 확신이 있었기에 그들은 자신들이 처한 상황과 형편을 뛰어넘어 환관장에게 나아갈 수 있었던 것입니다.

이러한 다니엘과 세 친구들의 믿음을 보시고 하나님께서 일하시기 시작하셨습니다.

"하나님이 다니엘로 하여금 환관장에게 은혜와 긍휼을 얻게 하신지라(9절)"

"하나님이 이 네 소년에게 학문을 주시고 모든 서적을 깨닫게 하시고 지혜를 주셨으니 다니엘은 또 모든 환상과 꿈을 깨달아 알더라(17절)"

하나님의 은혜 안에서 선하고 아름다운 뜻을 세우시고, 합당한 믿음의 행실로 그 뜻을 이루어 갈 수 있기를 바랍니다.

함께 나누기

1. 오늘 본문 중에서 가장 인상적인 말씀은 무엇이며 왜 그렇게 생각하는지를 나누어 봅시다.

   _____
   _____
   _____

2. 새해 하나님의 은혜 안에서 이루고자 하는 소원이 있다면 함께 나누고 기도하시기 바랍니다.

   _____
   _____
   _____

3. 뜻은 정했으나 이루어가지 못한 일들이 있다면 무엇 때문인지 나누어 봅시다.

   _____
   _____
   _____

한 주간의 기도 제목

나 _____
가정 _____
교회 _____

제3과
복 주시기 원하시는 하나님
성경: 민 6:22-27절 / 찬송: 292장

"여호와는 네게 복을 주시고 너를 지키시기를 원하며 여호와는 그의 얼굴을 네게 비추사 은혜 베푸시기를 원하며 여호와는 그 얼굴을 네게로 향하여 드사 평강 주시기를 원하노라 할지니라 하라"(24~26절)

본문의 말씀은 참으로 귀한 말씀입니다. 하나님께서 모세를 통해 사랑하는 자녀들에게 진정으로 주시는 말씀이기 때문입니다. 하나님께서 진정으로 바라시는 것은 하나님의 자녀 된 성도 한 사람 한 사람이 아낌없이 베푸시는 하나님의 복과 은혜를 받아 누리는 것입니다. 어떻게 하면 이러한 은혜와 복을 받아 누릴 수 있을까요?

하나님께서는 당신의 자녀들에게 은혜와 복을 주시는 데 어떤 조건을 내거시는 분은 아닙니다만 자녀인 우리들 편에서 볼 때 하나님과의 깊은 영적인 관계를 통해 은혜와 복을 누리기 위해 가져야 할 몇 가지 자세가 있다고 믿습니다.

첫째, 하나님께서 계신 은혜의 자리로 나아가야 합니다

출애굽기 3장에는 모세가 하나님을 만나는 과정이 잘 나타나 있습니다.

"모세가 그의 장인 미디안 제사장 이드로의 양 떼를 치더니 그 떼를 광야 서쪽으로 인도하여 하나님의 산 호렙에 이르매"(출 3:1)

당시 모세는 애굽에서 살인죄를 저지르고 미디안 땅으로 도망 와 모든 꿈을 포기한 채 하루하루를 살던 때였습니다. 그런 그를 하나님께서 떨기나무 가운데로부터 나오는 불꽃을 통해 부르셨고 모세는 하나님께서 부르신 곳으로 나아가 하나님을 만났습니다. 그 후 그의 삶이 달라졌습니다. 하나님을 만나면 은혜와 복을 받아 거룩한 삶을 살기를 원하는 꿈이 생깁니다. 그렇기에 성도는 늘 은혜의 자리에 가까이 나아가는 삶이 되어야 합니다. 올 한해 예배와 기도의 자리를 지킴으로 하나님을 깊이 만나는 은혜와 복을 누리시기 바랍니다.

둘째, 하나님의 은혜를 볼 수 있는 영적 안목과 그분의 음성을 들을 수 있는 영적 귀가 있어야 합니다

성경은 모세가 만난 하나님을 이렇게 소개합니다.

"하나님이 그들의 고통 소리를 들으시고 하나님이 아브라함과 이삭과 야곱에게 세운 그의 언약을 기억하사 하나님이 이스라엘 자손을 돌보셨고 하나님이 그들을 기억하셨더라"(2:24~25)

모세가 만난 하나님은 자녀들의 고통 소리를 들으시고 언약을 기억하시므로 자녀들의 삶을 돌보시고 기억하시는 하나님입니다. 모세는 하나님을 만나 사귐을 가짐으로 이러한 하나님의 은혜를 보고 그분의 말씀을 들으며 날마다 더 깊이 경험함으로 하나님을 알아갔습니다.

하나님을 알아 가면 알아갈수록 하나님의 은혜 안에서 성숙되어집니다.

셋째, 하나님의 약속의 말씀을 믿는 믿음이 있어야 합니다

성경에는 수없이 많은 하나님의 약속의 말씀들이 기록되어 있습니다. 문제는 그 수많은 약속들 중에서 단 하나라도 우리가 잊지 않고 확실히 믿고 있느냐는 것입니다. 우리는 너무 쉽게 하나님의 약속을 잊고 삽니다.

모세는 앞에는 홍해가 가로막고 있고 뒤에는 애굽의 군사들이 쫓아오는 위급하고 두려워할 수밖에 없는 상황에서도 하나님께서 말씀하신 출애굽의 약속을 믿기에 이렇게 외칩니다.

"너희는 두려워하지 말고 가만히 서서 여호와께서 오늘 너희를 위하여 행하시는 구원을 보라 너희가 오늘 본 애굽 사람을 영원히 다시 보지 아니하리라 여호와께서 너희를 위하여 싸우시리니 너희는 가만히 있을지니라"(출 14:13~14)

하나님의 약속을 신뢰함이 우리를 두려움에서 벗어나 하나님께서 기뻐하시는 모습의 삶을 살게 합니다.

올 한해 우리 앞에 어김없이 여러 가지 일들이 일어날 것입니다. 그러나 더욱 분명한 것은 하나님께서는 그 모든 순간에 우리와 함께하시며 우리를 은혜와 복을 누리는 삶으로 인도하신다는 것입니다.

날마다의 삶이 은혜와 복 주시기 원하시는 하나님을 경험으로 만나는 순간들로 채워져 가기를 바랍니다.

함께 나누기

1. 하나님께서는 은혜와 복을 주시기 원하신다고 하시는데 그 은혜와 복을 우리가 누리지 못하는 이유는 무엇 때문일까요?
   _____
   _____
   _____

2. 최근에 하나님께서 베푸시는 은혜와 복을 누린 경험이 있다면 나누어 봅시다.
   _____
   _____
   _____

3. 올 한해가 하나님의 은혜와 복으로 충만하기를 함께 기도하시기 바랍니다.
   _____
   _____
   _____

한 주간의 기도 제목

나 _____
가정 _____
교회 _____

제4과
오실 그이가 당신이오니이까
성경: 눅 7:18-23절 / 찬송: 310장

"예수께서 대답하여 이르시되 너희가 가서 보고 들은 것을 요한에게 알리되 맹인이 보며 못 걷는 사람이 걸으며 나병환자가 깨끗함을 받으며 귀먹은 사람이 들으며 죽은 자가 살아나며 가난한 자에게 복음이 전파된다 하라"(22절)

예수님께서 메시아로서의 사역을 이어갈 때 세례 요한이 제자 둘을 예수님께 보내어 이렇게 물었습니다.

"오실 그이가 당신이오니이까 우리가 다른 이를 기다리오리이까"(19절)

세례 요한이 이렇게 묻는 이유는 예수님께서 오시리라고 약속 된 메시아인지를 묻는 것입니다. 이러한 세례 요한의 질문에 예수님께서는 이렇게 대답하셨습니다.

"너희가 가서 보고 들은 것을 요한에게 알리되 맹인이 보며 못 걷는 사람이 걸으며 나병환자가 깨끗함을 받으며 귀먹은 사람이 들으며 죽은 자가 살아나며 가난한 자에게 복음이 전파된다 하라"(22절)

예수님께서는 세례 요한이 보낸 제자들의 질문에 직접적인 대답을 하시기보다는 당신께서 하시는 사역을 통해 당신이 누구인지를 말씀하시고 계십니다.

사실 이러한 일들은 예수님께서 이 땅에 오셔서 직접 행하신 일들이 기도 하지만 또한 구약의 선지자 이사야가 메시아가 오시면 이러한 일들을 하실 것이라고 예언한 내용이기도 합니다. 예수님께서 이 땅에 오시기 700여 년 전에 활동한 이사야 선지자는 메시아와 관련하여 이러한 예언을 했습니다.

"그 날에 못 듣는 사람이 책의 말을 들을 것이며 어둡고 캄캄한 데에서 맹인의 눈이 볼 것이며 겸손한 자에게 여호와로 말미암아 기쁨이 더하겠고 사람 중 가난한 자가 이스라엘의 거룩하신 이로 말미암아 즐거워하리니"(사 29:18~19)

"그 때에 맹인의 눈이 밝을 것이며 못 듣는 사람의 귀가 열릴 것이며 그 때에 저는 자는 사슴 같이 뛸 것이며 말 못하는 자의 혀는 노래하리니 이는 광야에서 물이 솟겠고 사막에서 시내가 흐를 것임이라"(사 35:5~6)

"주 여호와의 영이 내게 내리셨으니 이는 여호와께서 내게 기름을 부으사 가난한 자에게 아름다운 소식을 전하게 하려 하심이라 나를 보내사 마음이 상한 자를 고치며 포로된 자에게 자유를, 갇힌 자에게 놓임을 선포하며"(사 61:1)

예수님께서 '너희가 가서 보고 들은 것을 요한에게 알리라'는 말씀은 예수님께서 행하시는 그 일들을 통하여 당신께서 구약시대 때부터 오시리라고 예언된 메시아임을 분명히 밝히고 계십니다.

그런데 예수님께서 말씀하시고 행하시는 일들의 내용을 보면 예수님께서는 특별히 지체부자유자, 치유되지 못하는 병을 앓고 있는 불결한 자, 따돌림을 당하는 이방인, 그리고 가난한 자와 같이 유대 사회에서 소외당하며 힘겹게 삶을 살아가는 사회적 약자들 곁에서 함께하시며 일하시고 계심을 봅니다. 예수님께서는 어떠한 차별 없이 메시아의 도움을 필요로 하는 한 영혼 한 영혼을 진심으로 소중히 여기시고 사랑하심으로 온몸과 정성으로 섬기며 큰 위로와 기쁨을 주는 사역을 하고 계십니다.

예수님께서 이렇게 말씀하셨습니다.

"누구든지 나로 말미암아 실족하지 아니하는 자는 복이 있도다"(23절)

누군가는 메시아의 사역을 오해함으로 예수님을 정죄하고 거역할지 모릅니다. 예수님께서 보여주신 메시아의 모습은 분명 다수의 유대인들이 기대했던 바와 같이 힘과 권력으로 통치하거나 그들의 이 땅에서의 헛된 욕망을 이루어주는 모습은 아니었습니다.

그러나 믿음의 눈으로 보려 하고 잠잠히 하나님의 말씀에 귀를 기울이며 하나님의 깊으신 뜻을 헤아려보려는 자에게는 예수님께서 참 된 메시아이심을 분명히 알게 됩니다. 마음으로 깊이 알아 가려고 하면 보이게 되고, 보이면 따를 수 있고, 따르면 믿을 수 있습니다.

우리를 구원하시고자 온몸과 정성으로 찾아와주신 예수님을 깊이 경험하는 삶을 살아가기를 바랍니다.

함께 나누기

1. 언제 어떻게 메시아 되신 예수님을 만나셨는지 나누어 봅시다.
   _____
   _____
   _____

2. 지금 경험으로 알고 믿고 있는 예수님은 믿기전 기대하던 예수님의 모습과 어떻게 다릅니까?
   _____
   _____
   _____

3. 예수님을 메시아로 믿는 일에 실족하는 일이 일어나는 이유는 무엇이라고 생각하십니까?
   _____
   _____
   _____

한 주간의 기도 제목

나 _____
가정 _____
교회 _____

제5과
부르시는 주님의 음성
성경: 눅 5:1-11절 / 찬송: 519장

"세베대의 아들로서 시몬의 동업자인 야고보와 요한도 놀랐음이라 예수께서 시몬에게 이르시되 무서워하지 말라 이제 후로는 네가 사람을 취하리라 하시니"(10절)

예수님께서 게네사렛 호숫가에서 한 배에 오르셔서 무리를 가르치신 후 시몬에게 이렇게 말씀하셨습니다.

"깊은 데로 가서 그물을 내려 고기를 잡으라"(4절)

어부로 생계를 이어가던 시몬에게 예수님의 명령은 여러 가지 이유로 따르기 힘든 말씀이었을 것입니다.

첫째, 시몬은 고기 잡기에 좋은 시간에 나와 밤이 새도록 고기잡이를 하였으나 고기를 잡지 못했고, 이제 해가 떠오른 아침은 고기 잡기에 좋지 않은 때였습니다(5:5).

둘째, 시몬은 이미 고기잡이를 마친 후 배에서 나와서 그물을 씻던 중이었습니다. 피곤한 몸을 이끌고 다시 고기 잡으러 가고 싶지 않았을 것입니다(5:2).

셋째, 고기를 잡기 위해 그물을 내리는 적당한 물의 깊이가 있는데 예수님께서는 단지 깊은 데로 가라고 하셨습니다. 이는 아무리 생각해도 전문적인 어부로서의 경험과 지식을 가지고 있는 시몬이 보기에 예수님은 고기 잡는 일에 어리숙하다고 여겨질 만 했을 것입니다.

넷째, 무엇보다도 시몬은 명령하시는 예수님이 누구인지를 잘 알지 못했습니다. 낯선 이의 명령을 따라야 하는 이유가 무엇일까요?

이러한 이유들로 보건대 시몬에게는 예수님의 명령을 무시하고 따르지 말아야 할 이유가 더 많아 보이는 것이 사실입니다. 그런데도 시몬은 예수님의 말씀에 순종했습니다. 그리고 성경은 시몬이 그 이유를 이렇게 말했다고 증언합니다.

"선생님 우리들이 밤이 새도록 수고하였으되 잡은 것이 없지마는 말씀에 의지하여 내가 그물을 내리리이다"(5절)

경험과 지식, 그리고 상식에 따른 판단력은 삶을 살아가는데 있어서 중요한 자산이 되기도 합니다만, 때로 우리의 삶에는 그러한 것들로는 설명할 수 없는 일이 일어나 우리를 놀라게 합니다. 시몬은 평생 게네사렛 호수에서 고기를 잡았던 사람이었습니다. 예수님을 만난 그 밤도 자신의 모든 경험과 지식을 동원해 고기잡이에 나섰을 것입니다만 그는 실패를 경험했습니다. 실패로 인하여 입에 쓴맛만을 다시고 있을 때 예수님께서 자신의 경험과 지식, 그리고 상식으로는 도저히 이해할 수 없는 말로 명령하셨습니다.

그 순간 시몬은 '말씀을 의지함으로' 자신이 가지고 있던 경험과 지식, 그리고 상식에 따른 스스로의 판단을 내려놓았습니다. 그리곤 말씀하시는 예수님께 순종하였습니다. 그리고 그 순종이 이전에는 경험하지 못했던 경험을 하게 하였습니다.

"그렇게 하니 고기를 잡은 것이 심히 많아 그물이 찢어지는지라 이에 다른 배에 있는 동무들에게 손짓하여 와서 도와 달라 하니 그들이 와서 두 배에 채우매 잠기게 되었더라"(6~7절)

시몬은 순종의 열매를 맺는 경험을 하였습니다. 순종은 우리가 하지만 일의 결과는 하나님께서 맺어 가심을 알아야 합니다. 하나님께서 맺어 가시는 순종의 결과는 우리의 상상을 초월합니다. 놀라운 일이 일어납니다.

순종은 또한 우리와 우리 주변 사람들의 삶에서 또 다른 순종을 이끌며 더욱 풍성한 열매를 맺습니다. 예수님께서 이렇게 말씀하셨습니다.

"무서워하지 말라 이제 후로는 네가 사람을 취하리라"(10절)

성경은 시몬과 그의 동업자인 야고보와 요한이 이 말씀에도 순종했음을 말하고 있습니다. 그리고 이 일로 그들의 삶이 변하였습니다.

"그들이 배들을 육지에 대고 모든 것을 버려두고 예수를 따르니라"(11절)

어떤 형편과 상황 속에서도 주님의 말씀에 순종하는 믿음이 귀합니다. 삶에 순종의 아름다운 열매가 맺혀져 가기를 바랍니다.

함께 나누기

1. 자신의 경험과 지식, 그리고 상식으로 인하여 온전히 순종하지 못했던 경험이 있다면 나누어 봅시다.

   _____
   _____
   _____

2. 순종을 통하여 아름다운 열매를 맺은 경험이 있다면 나누어 봅시다.

   _____
   _____
   _____

3. 제자들은 부르심에 순종하기 위해서 배와 그물 등을 포기했습니다. 쉽지는 않았을 것입니다. 어떤 마음이었을까요?

   _____
   _____
   _____

한 주간의 기도 제목

나 _____
가정 _____
교회 _____

2월

◆

제6과　봉사와 섬김
제7과　아낌없이 주시는 하나님
제8과　십자가의 도
제9과　우리 가운데 계신 분

제6과
봉사와 섬김
성경: 눅 10:38-42절 / 찬송: 214장

"주께서 대답하여 이르시되 마르다야 마르다야 네가 많은 일로 염려하고 근심하나 몇 가지만 하든지 혹은 한 가지 만이라도 족하니라 마리아는 이 좋은 편을 택하였으니 빼앗기지 아니하리라 하시니라"(41~42절)

오늘의 본문과 요한복음 11장의 말씀을 함께 보면 마르다와 마리아가 살고 있던 마을은 베다니였습니다. 그리고 이들은 예수님께서 죽은 자 가운데서 다시 살려내신 나사로의 누이들입니다. 예수님께서는 이 남매와 매우 가깝게 지내셨습니다. 예수님께서 하나님의 아들이심을 생각한다면 우리는 예수님께서 예루살렘 성전에 머물러야 하는 것이 아닐까 하고 생각할 수 있습니다만, 오히려 예수님은 예루살렘보다 이 베다니를 자주 방문하신 것으로 성경은 말합니다. 왜 일까요?

이와 관련하여 기독교 작가이자 목회자인 '토미 테니'는 『균형의 영성』이라는 책에서 이렇게 말합니다.

"만약 예수님께서 하나님이시기만 했다면 예배의 전당으로 충분했을 것이다. 만약 예수님께서 그저 사람이셨다면 일류 호텔이면 충분했을 것이다. 그러나 문제는 그분이 하나님이자 사람이었다는 사실이다. 그러므로 그분께서는 그 신성을 위한 예배의 처소이면서 그 인성을 위한 환대의 자리가 될 안식처가 필요하셨던 것이다."

예수님께서는 베다니 마르다의 집을 편안하게 여기셨습니다. 왜냐하면 마르다의 집에서는 예수님의 신성과 인성이 함께 대접을 받으셨기 때문입니다.

"그에게 마리아라 하는 동생이 있어 주의 발치에 앉아 그의 말씀을 듣더니"(39절)

동생 마리아가 예수님의 발아래 앉아 예수님께서 하시는 말씀에 귀를 기울이고 있습니다. 사실 성경은 마리아를 '발아래 여인'이라는 별칭이 붙을 정도로 자주 예수님의 발아래에 엎드려 있던 여인으로 기록하고 있습니다(요 11:32). 마리아는 늘 겸손한 마음으로 예수님과 가까이 있기를 즐거워하였습니다.

그러나 마리아와는 달리 마르다는 늘 분주히 일합니다.

"마르다는 준비하는 일이 많아 마음이 분주한지라 예수께 나아가 이르되 주여 내 동생이 나 혼자 일하게 두는 것을 생각지 아니하시나이까 그를 명하사 나를 도와주라 하소서"(40절)

요한복음 12장에서도 이는 동일하게 보입니다. 예수님을 위한 잔치에 마리아와는 달리 마르다는 늘 일을 하고 있었습니다. 성도님들은 이러한 두 여인의 모습을 보며 어느 여인에게 더 마음이 끌리십니까? 아마도 예수님 곁에 머무는 마리아에게 마음이 더 끌리리라 여겨집니다.

그런데 우리가 생각해야 할 것은 마리아의 모습이 귀하게 보인다고 하여 마르다의 모습이 잘못되었느냐는 것입니다. 분명 그렇지 않습니다. 마르다의 봉사와 섬김이 있었기에 마리아가 온전히 예수님께 집중할 수 있었다고도 생각할 수 있습니다.

38절을 보면 예수님을 집으로 영접한 사람이 마르다입니다. 날마다 하나님의 말씀을 전하고 병자를 치유하고 귀신을 내쫓으며 많은 사람을 상대하며 다니시느라 피곤하셨을 예수님께 안식할 수 있는 거처를 내어드리고 영양가 있는 음식으로 대접하고자 한 사람이 마르다입니다.

서두에 말씀드린 것처럼 예수님께서는 베다니 마르다의 집에 머무는 것을 즐거워하셨습니다. 예수님의 신성을 대접하는 마리아와 예수님의 인성을 대접하는 마르다가 함께 있기 때문입니다. 이는 우리가 하나님을 섬기는 데 있어서 예배가 중요한 만큼 봉사와 섬김도 포기할 수 없음을 말합니다. 다시 말해서 교회에는 마리아와 마르다 둘 다 필요합니다. 한 교회에 이 두 사람과 같은 이들이 함께 있어 조화롭게 하나님을 섬기는 것이 중요합니다.

그러니 우리는 마리아처럼 예배하고 마르다처럼 섬기고 봉사하기 위해 힘써야 합니다. 내게 있는 장점이 다른 사람에게 없을 수도 있음을 인정하는 가운데 또한 내게 없는 부분이 다른 사람에게 있음을 발견하며 함께할 수 있어야 합니다. 또한 서로의 연약함을 돌아볼 수 있어야 합니다. 그래야 함께 영적 성장을 이루어 갈 수 있습니다.

함께 나누기

1. 자신을 돌아보았을 때 마리아와 마르다 중 어느 쪽에 더 가깝다고 느끼십니까?
   _____
   _____
   _____

2. 예배와 봉사(또는 섬김)의 균형을 어떻게 잡아갈 수 있을까요?
   _____
   _____
   _____

3. 우리가 온전히 예배에 집중할 수 있도록 보이지 않는 곳에서 봉사와 섬김으로 힘쓰는 성도들을 위해 기도합시다.
   _____
   _____
   _____

한 주간의 기도 제목

나 _____
가정 _____
교회 _____

제7과
아낌없이 주시는 하나님
성경: 습 3:17절 / 찬송: 292장

"너의 하나님 여호와가 너의 가운데에 계시니 그는 구원을 베푸실 전능자이시라 그가 너로 말미암아 기쁨을 이기지 못하시며 너를 잠잠히 사랑하시며 너로 말미암아 즐거이 부르며 기뻐하시리라 하리라"(17절)

미국의 아동문학가 중에 1999년 5월에 작고한 쉘 실버스타인 (Shel Silverstein)이 있습니다. 이분이 쓴 책 중에 『The Giving Tree』, 우리말로는 '아낌없이 주는 나무'라는 책입니다. 한 소년을 사랑한 나무가 사랑하는 소년을 위해 나뭇잎으로부터 시작하여 나뭇가지, 열매, 그리고 나무기둥까지 아낌없이 내어주었으나 정작 소년은 받기만 했고, 또 받을 때마다 그것을 가지고 가서는 오랫동안 돌아오지를 않았습니다. 그러던 소년이 나이 많아 늙어 쉴 곳이 필요하다며 찾아오자 밑동밖에 남지 않은 나무는 그 남은 것마저 내어주며 앉게 하여 쉴 곳을 제공했다는 이야기입니다.

그런데 이 동화의 마지막이 어떤 말로 끝나는지를 기억하십니까? 바로 "그래서 나무는 행복했습니다"입니다. 모든 것을 다 내어주었는데 행복했다고 말하고 있습니다. 무언가 줄 수 있기에 행복하고, 또 사랑하는 소년이 오랜 시간이 지나서라도 잊지 않고 찾아와주니 행복했다는 것입니다. 나무는 소년을 진심으로 사랑한 것입니다.

오늘 읽으신 본문을 포함하고 있는 스바냐서의 역사적 배경은 이렇습니다. 스바냐는 남왕국 유다의 요시야 왕 재위 기간 중에 활동한 선지자입니다. 요시야 왕이 종교개혁을 단행하기 전까지 그 당시 유다 백성들은 선왕이었던 므낫세와 아몬의 영향으로 하나님을 떠나 각종 우상 숭배와 죄악에 빠져 있었습니다. 그러기에 스바냐서의 대부분은 여호와의 날에 임할 심판에 관하여 기록을 하고 있습니다. 그런데 스바냐서 3장 9절부터 하나님은 스바냐 선지자를 통하여 구원을 선포합니다. 그리고 그 구원의 선포가 오늘 읽으신 본문인 스바냐 3장 17절에서 절정을 이룹니다.

그 내용을 살펴보면 얼마나 아름다운 시와 같은지 모릅니다.

"너의 하나님 여호와가 너의 가운데 계시니 그는 구원을 베푸실 전능자이시라"(17절)

하나님께서 우리와 함께하신다는 선언은 들을 때마다 또 읽을 때마다 은혜가 됩니다. 왜 그렇습니까? 우리는 구원받을 만한 선한 것이 하나도 없는 죄인인데 하나님께서 우리와 함께하신다니 이 얼마나 큰 은혜입니까? 이럴 때 사용할 수 있는 단어가 있는데 바로 긍휼입니다. 긍휼의 뜻이 무엇입니까? 긍휼의 사전적 의미는 '불쌍히 여겨 돌보아 줌'입니다. 보다 적극적인 의미는 '받을 수 있는 조건이 안 되는 사람에게 사랑으로 베풀어 돌보아 준다'는 것입니다.

도대체 이 당시 유다 백성들이 하나님께 구원을 받을만한 일을 한 것이 무엇입니까? 지금 우리가 하나님께 구원 받을 만한 일을 한 것이 무엇입니까? 아무것도 없습니다. 그럼에도 하나님은 우리 가운데 계셔서 구원을 베푸십니다.

이어지는 말씀을 보십시오.

"그가 너로 말미암아 기쁨을 이기지 못하시며 너를 잠잠히 사랑하시며 너로 말미암아 즐거이 부르며 기뻐하시리라"(17절)

우리를 인하여 기뻐하시고, 사랑하시고, 또 노래를 부르실 정도로 기쁘다는 것입니다. 우리가 무엇이기에 이토록 사랑하실까요? 잠시 생각을 해보십시오. 최근에 하나님이 기뻐하실 만한 일을 한 것이 무엇이 있습니까? 우리는 아무것도 한 것이 없는데도 하나님은 나를 먼저 사랑하셨다는 것 아닙니까?

그렇기에 우리는 이렇게 기도하며 고백할 수 있어야 합니다. '주님, 내 마음에 선한 것이 하나도 없음을 고백합니다. 그럼에도 불구하고 주님께서는 저를 기뻐하시고, 먼저 사랑의 손을 내밀어 주셨습니다. 주님, 내 모든 것 다 포기하고 주님께 나아가니 저를 받아 주옵소서'.

어쩌면 우리는 '아낌없이 주는 나무'에 나오는 소년보다도 못한지도 모르겠습니다. 이 소년은 그래도 늘 나무 곁으로 돌아올 줄 알았습니다. 그나마 나무 곁으로 가면 무언가 위로를 얻고 은혜를 입을 수 있다는 확신이 있었기 때문에 돌아왔던 것은 아니었을까요?

우리는 '아낌없이 주는 나무'가 소년에게 해 준 것보다 더 큰 사랑과 은혜를 하나님으로부터 받았습니다. 하나님께서는 독생자 아들 예수 그리스도를 내어주셨습니다. 그 하나님께서 여전히 우리와 함께하시며 우리를 기뻐하시고 사랑하시는 것을 깨달아 날마다의 삶 속에서 하나님께 붙어있을 수 있는 우리의 모습이기를 소망해 봅니다.

함께 나누기

1. 오늘 본문 중에서 가장 인상적인 말씀은 무엇이며 왜 그렇게 생각하는지를 나누어 봅시다.

   _____
   _____
   _____

2. 삶 가운데 아낌없이 베푸시는 하나님의 사랑을 깊이 경험했던 적이 있다면 나누어 봅시다.

   _____
   _____
   _____

3. 하나님을 향한 고백을 기도문으로 적어보고 나누어 봅시다.

   _____
   _____
   _____

한 주간의 기도 제목

나 _____
가정 _____
교회 _____

제8과
십자가의 도
성경: 고전 1:18-31절 / 찬송: 445장

"십자가의 도가 멸망하는 자들에게는 미련한 것이요 구원을 받는 우리에게는 하나님의 능력이라"(18절)

사도 바울은 제2차 선교여행 중 고린도에 1년 6개월을 머물며 복음을 전하였고, 이에 고린도 교회가 세워졌습니다(행 18:11). 이후 에베소에 체류하며 복음을 전하던 중 고린도 교회에 분쟁과 여러 신학적이고도 실제적인 문제로 인하여 어려움을 겪고 있다는 소식을 듣게 됩니다.

사도 바울이 듣게 된 고린도 교회의 여러 문제 중 하나는 여러 파(派)로 갈라져 분쟁을 하는 것이었습니다. 사도 바울은 이것이 잘못된 일임을 지적합니다.

"내가 이것을 말하거니와 너희가 각각 이르되 나는 바울에게, 나는 아볼로에게, 나는 게바에게, 나는 그리스도에게 속한 자라 한다는 것이니 그리스도께서 어찌 나뉘었느냐 바울이 너희를 위하여 십자가에 못 박혔으며 바울의 이름으로 너희가 세례를 받았느냐"(1:12~13)

교회 내에서 이러한 일이 발생하는 이유는 사사로운 이익을 좇는 인간 중심의 신앙생활에 영합(迎合)했기 때문입니다. 교회라는 전체를 보지 못하고 자신만의 유익을 구하는 중 그러한 목적에 부합하는 지도자를 절대시했기 때문에 이런 일이 벌어집니다.

사도 바울은 이러한 일이 발생하게 된 근원적인 이유가 '예수 그리스도의 십자가'에 대한 그릇된 인식 때문이라고 지적합니다.

'십자가의 도' 즉, 예수 그리스도의 죽음, 부활, 그리고 재림을 전하는 것은 그 사실을 믿지 못하는 누군가에게는 바쁜 세상에서 허황된 이야기를 전하는 미련한 것처럼 보일 수 있습니다. 그러한 자들은 십자가의 도는 어리숙하고 천하고 멸시받고 힘없는 자들이나 믿는 것이라며 조롱할 것입니다. 그러나 사도 바울은 분명히 강조합니다.

"십자가의 도가 멸망하는 자들에게는 미련한 것이요 구원을 받는 우리에게는 하나님의 능력이라"(1:18)

하나님께서는 세상에서 똑똑하며 지혜 있다고 자부하는 사람들이 아닌 그들이 미련하다고 손가락질하는 '십자가의 도'를 믿고 따르는 사람들을 구원에 이르게 하셨습니다.

하나님께서는 왜 이런 방법으로 일하시는 것일까요? 사도 바울은 그 이유를 이렇게 설명합니다.

① "하나님의 어리석음이 사람보다 지혜롭고 하나님의 약하심이 사람보다 강하니라"(25절)

하나님 앞에서 힘 자랑, 지혜 자랑하는 사람처럼 어리석은 사람이 또 있을까요? 하나님이 원하시는 사람은 교만하여 자신의 잘난 맛에 사는 사람이 아닙니다. 오히려 하나님께서는 자신의 연약함을 인정하고 하나님 앞에 겸손한 사람을 찾으십니다.

② **"이는 아무 육체도 하나님 앞에서 자랑하지 못하게 하려 하심이라"(29절)**

교만하여 자신의 잘난 맛에 사는 사람은 자신에게 주어진 모든 것이 자신의 힘으로 이룬 것으로 착각하며 당연히 여깁니다. 그러나 자신의 연약함과 결핍을 인정할 줄 아는 겸손한 사람은 주어진 모든 것으로 인하여 하나님께 감사하며 그분의 은혜로 살아갑니다.

십자가 위의 예수 그리스도는 자신의 유익을 위해 모든 것을 하실 수 있는 힘과 능력을 가지고 계셨으나, 오직 다른 사람들의 유익을 위한 하나님의 뜻을 이루고자 모든 것을 내려놓으셨습니다. 이러한 십자가는 자신만의 유익을 구하고자 하는 사람들이 보기에는 미련해 보이는 일이겠으나 하나님께서는 그 십자가가 복음의 능력이 되게 하셨고 그것으로 구원을 이루셨습니다.

겸손히 십자가를 바라봄으로 이웃을 사랑하고 섬기며 자신만의 유익이 아닌 다른 사람의 일도 돌아보는 삶이기를 바랍니다.

함께 나누기

1. '십자가의 도'를 부끄러워했던 적이 있다면 나누어 봅시다.
   _____
   _____
   _____

2. 언제, 어떠한 계기로 십자가 도를 통한 하나님의 능력을 경험
   하였습니까?
   _____
   _____
   _____

3. 십자가의 은혜를 기억하는 삶을 살기 위해 힘써야 할 부분이 있
   다면 함께 나누고 기도합시다.
   _____
   _____
   _____
   _____

한 주간의 기도 제목

나 _____
가정 _____
교회 _____

제9과
우리 가운데 계신 분
성경: 요 1:19-28절 / 찬송: 449장

"요한이 대답하되 나는 물로 세례를 베풀거니와 너희 가운데 너희가 알지 못하는 한 사람이 섰으니 곧 내 뒤에 오시는 그이라 나는 그의 신발끈을 풀기도 감당하지 못하겠노라 하더라"(26~27절)

요단 강에서 회개의 세례를 전파하는 세례 요한에게 유대인들이 보낸 제사장들과 레위인들이 와서 묻습니다.

"네가 누구냐?"(19절)

이들의 질문은 세례 요한이 구약시대부터 오시리라고 예언된 그리스도(Χριστός, 기름부음을 받은 자, 메시아)인지를 묻는 것입니다. 당시 세례 요한은 30세 쯤 된 젊은이로서 그는 구약의 말라기 선지자 이후 근 400여년 만에 유대 사회에 모습을 드러낸 선지자로 여겨졌기에 가르침을 청하고자 많은 사람들이 그에게 나아왔고 또 회개의 세례를 받고자 모여들었습니다. 그랬기에 세례 요한은 스스로 하고자 했다면 얼마든지 우쭐대며 자신의 인기를 드러내는 삶을 살 수도 있었을 것입니다. 그러나 세례 요한은 자신의 사명과 해야 할 일의 우선순위를 분명히 알고 있었습니다.

세례 요한은 자신은 그리스도가 아니라고 답하며 이렇게 말합니다.

"나는 물로 세례를 베풀거니와 너희 가운데 너희가 알지 못하는 한 사람이 섰으니 곧 내 뒤에 오시는 그이라 나는 그의 신발 끈을 풀기도 감당

하지 못하겠노라"(26~27절)

　세례 요한은 자신은 그리스도가 아님을 밝힘과 동시에 유대 종교의 지도자들이라고 하면서도 자신들 가운데 계신 그리스도를 알아보지 못하고 엉뚱한 사람에게 와서 그리스도인지를 묻는 그들의 어리석음과 영적 무지를 꾸짖고 있습니다.

　왜 당시 제사장들과 레위인들을 비롯한 유대의 지도자들은 자신들 가운데 계시는 그리스도를 알아보지 못한 것일까요? 그 이유와 관련하여 요한복음은 이렇게 밝히 강조하고 있습니다.

　"빛이 어둠에 비치되 어둠이 깨닫지 못하더라"(1:5)

　"참 빛 곧 세상에 와서 각 사람에게 비추는 빛이 있었나니 그가 세상에 계셨으며 세상은 그로 말미암아 지은 바 되었으되 세상이 그를 알지 못하였고 자기 땅에 오매 자기 백성이 영접하지 아니하였으나"(1:9~11)

　"그 정죄는 이것이니 곧 빛이 세상에 왔으되 사람들이 자기 행위가 악하므로 빛보다 어둠을 더 사랑한 것이니라"(3:19)

　빛은 감춰질 수 없습니다. 언제나 환하게 비추므로 밝히 드러나기에 누구나 알아볼 수 있습니다. 그럼에도 불구하고 행위가 악하고 어둠을 사랑하는 자들은 자신들의 죄가 빛에 의하여 밝히 드러날까 두려워함으로 애써 그 빛을 외면하고 할 수만 있다면 빛을 감추고자 합니다. 세례 요한 당시 유대의 종교 지도자들이 그러했습니다. 이는 대단히 어리석은 행동임에도 깨닫지를 못하는 것입니다.

우리도 혹시 우리 가운데 계신 그리스도를 알아보지 못하고 있는 것이 아닌지를 돌아볼 필요가 있습니다. 우리는 모든 형편과 사정 가운데서도 우리의 삶을 은혜로 에워싸고 계시는 그 주님의 빛을 바라볼 수 있어야 합니다. 우리에게 어제도 오늘도 그리고 앞으로도 언제까지나 사랑한다고 말씀하시는 그 음성을 들을 수 있어야 합니다.

임마누엘(우리와 함께 하시는 하나님)의 하나님으로 우리 곁에 함께 계시는 그 주님을 온몸과 마음으로 느끼고 경험할 수 있는 신앙이기를 바랍니다.

함께 나누기

1. 오늘 본문 중에서 가장 인상적인 말씀은 무엇이며 왜 그렇게 생각하는지를 나누어 봅시다.

   _____
   _____
   _____

2. 우리 가운데 은혜로 함께하시는 주님을 날마다 경험하고 계시는지요? 그렇지 못하다면 그 이유는 무엇이라고 생각하십니까?

   _____
   _____
   _____

3. 어제보다 나은 믿음으로 예수님을 알아가기를 위해 무엇을 해야 할지를 나누고 함께 기도합시다.

   _____
   _____
   _____

한 주간의 기도 제목

나 _____
가정 _____
교회 _____

3월

◆

제10과 믿음의 필수성
제11과 믿음의 성격(1)
제12과 믿음의 성격(2)
제13과 믿음의 법칙(1)

제10과
믿음의 필수성
성경: 엡 2:8절 / 찬송: 314장

"너희는 그 은혜에 의하여 믿음으로 말미암아 구원을 받았으니 이것은 너희에게서 난 것이 아니요 하나님의 선물이라"(8절)

우리의 신앙생활에서 '믿음'은 필수입니다.

첫째, '믿음'은 우리 신앙의 모든 요소에 있어서 필수적입니다

우리의 신앙생활은 처음부터 끝까지 믿음에 의한 삶입니다. 우리는 믿음으로 구원을 받습니다(호 6:6). 그리고 우리 속에 주님께서 사시는 삶도(갈 2:20), 성령의 역사도(갈 3:2,5), 치유도(마 9:22) 믿음으로만 가능합니다. 뿐만 아니라 성화, 곧 주님의 형상을 닮아가는 것도, 때를 따라 도우시는 하나님의 은혜를 경험하는 것도, 열매를 풍성하게 맺는 삶도 모두 믿음으로만 가능합니다.

우리 신앙의 모든 요소를 위해 믿음은 필수 요소입니다. 믿음으로 말미암아 더욱 성숙한 성도로 자라가고, 풍성한 열매가 맺히기를 예수님의 이름으로 축원합니다.

둘째, 하나님은 하나님을 믿는 성도들을 통해서 역사하시고, 성도들을 통해서 하나님의 영광을 나타내십니다

"여호와께서 아브람에게 이르시되 너는 너의 고향과 친척과 아버지의 집을 떠나 내가 네게 보여 줄 땅으로 가라 내가 너로 큰 민족을 이루고 네

게 복을 주어 네 이름을 창대하게 하리니 너는 복이 될지라 너를 축복하는 자에게는 내가 복을 내리고 너를 저주하는 자에게는 내가 저주하리니 땅의 모든 족속이 너로 말미암아 복을 얻을 것이라 하신지라"(창 12:1-3)

이 말씀을 요약하면 다음과 같습니다.

1. 아브라함을 향한 부르심은 그를 통해 하나님을 위한 한 백성을 세우시기 위한 것이었다.
2. 아브라함을 향한 복은 단순히 아브라함 한 사람을 위한 복이 아니고, 그를 통해 세워질 하나님의 백성을 위한 복이기도 하다.
3. 하나님의 계획은 그 하나님의 백성을 통해 열방이 복을 얻는 것이다.

하나님은 아브라함과 그의 자손들을 택하여 부르셔서 '복'을 주셨습니다. 그런데 그 복은 단순히 그들만을 위한 것이 아니었습니다. 그 복은 '땅의 모든 족속'을 위한 것이있습니다. 곧 '그들'(하나님의 백성)을 통해서 '땅의 모든 족속'이 복을 얻는 것이었습니다.

그러면 '모든 족속'이 어떻게 '하나님의 백성(교회)'을 통해 복을 얻을까요? 그것은 '모든 족속'이 하나님께서 그들의 백성들과 함께하셔서 그들을 인도하시고 복을 주시는 것을 보고, '하나님께 나아올 때'입니다.

그런데, 하나님께서 하나님의 백성들 가운데 함께하셔서 인도하시고 복을 주시는 것을 위해, 하나님의 백성들이 하나님을 '믿음으로 따르는 것'이 필수입니다. 그래서 하나님께서 아브라함의 평생에 걸쳐 아브라함에게(이스라엘 백성들도) 가르치신 핵심이 '하나님을 믿는 것'입니다.

하나님께서 여러분의 가정과 교회 가운데 함께하셔서 인도하시고 충만한 복을 베푸시기를 기도합니다. 그리고 여러분을 보고 '땅의 모든 족속'이 하나님께 나아와 복을 얻게 되기를 기도합니다. 그러기 위해서는 여러분이 '믿음으로 주님을 따라가야' 합니다. 믿음으로 주님 잘 따라가는 여러분 되시기를 예수님의 이름으로 축원합니다.

함께 나누기

1. 우리 신앙생활에서 믿음이 필요한 부분들에는 어떤 것들이 있을까요?
   _____
   _____
   _____

2. 하나님께서 아브라함(이스라엘, 교회)을 택하셔서 복을 주신 이유는 무엇인가요?
   _____
   _____
   _____
   _____

3. '땅의 모든 족속'이 복을 얻기 위해 중요한 요소는 무엇인가요?
   _____
   _____
   _____

한 주간의 기도 제목

나 _____
가정 _____
교회 _____

제11과
믿음의 성격(1)
성경: 약 2:19절 / 찬송: 453장

"네가 하나님은 한 분이신 줄을 믿느냐 잘하는도다 귀신들도 믿고 떠느니라"(19절)

우리가 하나님의 복을 누리고, 더 나아가 '땅의 모든 족속'을 하나님께 인도하려면 반드시 '믿음으로' 살아야 합니다.

그런데 여기서 중요한 것은 '믿음의 성격'을 바르게 이해하는 것입니다. 왜냐하면 믿음의 성격을 잘못 이해하면, 자신은 '믿음으로' 살고 있다고 생각하지만 실상은 '믿음으로' 사는 것이 아닐 수 있기 때문입니다. 이렇게 되면, '믿음으로' 사는 삶의 복도 누릴 수 없고, '땅의 모든 족속'을 하나님께 인도할 수도 없습니다.

첫째, 믿음은 인격체이신 하나님을 신뢰하는 것입니다

이 말은, '하나님(예수님)에 관한 이론적인 것들을 믿는 것'이 성경적인 믿음이 아니라는 뜻입니다. 곧 믿음은 하나님(예수님)에 관한 진리에 단순히 지식적으로 동의하는 것이 아니라, 인격체이신 하나님을 신뢰하는 것입니다.

오늘 본문 말씀은 '너희가 하나님은 한 분이신 줄 믿느냐?'라고 물으면서, '잘하는 것이다. 그러나 그것은 귀신들도 믿는다'라고 말씀합니다. 물론 우리는 '귀신들의 믿음'이 바른 믿음이 아니라는 것은 잘 알고 있습니다. '하나님이 한 분이신 것을 믿는 것, 하나님이 전능하신 분이라는 것, 예수님이 하나님의 아들이라는 것 등'을 믿는 것, 곧 이러한 것들을 지식적으로 동의하는 것은 귀신들도 하는 것입니다.

물론, 하나님에 관한 진리를 바르게 알고 믿는 것은 너무도 중요합니다. 오늘날은 교회를 오래 다니면서도 하나님에 관한, 예수님에 관한, 성령님에 관한 지식을 잘 모르는 성도들도 많습니다. 그러면 믿음이 잘 자라날 수 없습니다.

하지만 성경이 말하는 믿음이 단순히 하나님에 관한 지식적인 동의를 하는 것은 아닙니다. 성경이 말하는 믿음은 '인격체이신 하나님을 신뢰하는 것'입니다.

바리새인들은 누구보다 '하나님에 관한' 지식이 많았습니다. 하지만 하나님께서는 그들에 대해 기뻐하지 않으셨고, 그들을 열납하지 않으셨습니다. 그리고 그들에게는 아무런 '믿음의 능력(열매)'이 나타나지 않았습니다.

믿음은 인격체이신 하나님을 신뢰하는 것입니다. 믿음으로 더욱 풍성하고 놀라운 하나님의 역사와 은혜를 누리시기를 예수님의 이름으로 축원합니다.

둘째, 믿음은 '전적으로' 하나님을 신뢰하는 것입니다

곧, 하나님을 의지하되 부분적으로 의지하거나, 하나님과 다른 것을 동시에 의지하는 것은 전혀 성경이 말하는 믿음이 아닙니다. 성경적인 바른 믿음은, 오직 하나님만을 전적으로 의지하는 것입니다.

"오직 믿음으로 구하고 조금도 의심하지 말라 의심하는 자는 마치 바람에 밀려 요동하는 바다 물결 같으니 이런 사람은 무엇이든지 주께 얻기를 생각하지 말라 두 마음을 품어 모든 일에 정함이 없는 자로다"(약 1:6-8)

'두 마음을 품는다'는 것은 마음에 하나님과 다른 것을 함께 의지하는 것을 말합니다. 이런 사람을 '바람에 밀려 요동하는 바다 물결'과 같다고 말씀합니다. 그러한 자는 주께로부터 어떤 것도 받을 것을 기대하지 말라고 말씀하고 있습니다. 믿음은 오직 하나님만을 전적으로 의지하는 것입니다.

오직 하나님만을 믿음으로 하나님의 역사를 경험하고 기쁨으로 주님과 동행하는 여러분이 되시기를 예수님의 이름으로 축원합니다.

함께 나누기

1. 믿음의 성격 첫 번째는 무엇입니까?
   _____
   _____
   _____
   _____

2. 믿음의 성격 두 번째는 무엇입니까?
   _____
   _____
   _____
   _____

3. 야고보서 1:8의 '두 마음을 품는다'는 말씀의 의미는 무엇입니까?
   _____
   _____
   _____
   _____

한 주간의 기도 제목

나 _____
가정 _____
교회 _____

제12과
믿음의 성격(2)
성경: 히 11:31절 / 찬송: 88장

"믿음으로 기생 라합은 정탐꾼을 평안히 영접하였으므로 순종하지 아니한 자와 함께 멸망하지 아니하였도다"(31절)

성경에서 말씀하고 있는 믿음은 인격체이신 하나님을 신뢰하는 것입니다. 또한 성경에서 말씀하고 있는 믿음은 인격체이신 하나님을 신뢰하되, 두 마음을 품지 않고 '전적으로' 하나님을 신뢰하는 것입니다.

이와 더불어 성경에서 말씀하고 있는 믿음의 성격을 살펴보겠습니다.

셋째, 믿음은 하나님께 '모든 것을 거는 것'입니다

흔히 '믿음장'이라고 불리우는 히브리서 11장은 '믿음은 …'으로 시작하고, 6절에서는 '믿음이 없이는 하나님을 기쁘시게 하지 못한다'고 하면서, 많은 '믿음의 사람들'의 이야기가 나옵니다. 오늘 본문은 그 중 한 사람인 라합에 대한 기록입니다. 라합은 하나님께 심판을 받았던 여리고성의 이방 여인이었고, 심지어 기생이었음에도 불구하고, '믿음으로' 생명을 얻었고, 예수님의 족보에 이름을 올리는 영광을 얻었습니다.

그런데 우리는 라합을 보면서 '믿음'의 중요한 성격을 발견할 수 있습니다. 바로 모든 것을 '거는 것'입니다. 당시 여리고성에서 이스라엘 백성들과 함께하시는 하나님에 대한 소문을 들은 것은 라합만이 아니었습니다(수 2:9). 그런데 여리고성에서 구원을 받은 사람은 라합뿐이었습니다. 다른 사람들과 라합의 차이는 무엇이었을까요? 라합은 자기의 모든 것을 걸고 하나님을 신뢰하고 의지했습니다. 즉, 라합은 성경이 말하는 믿음을 가졌습니다. 반면에 다른 사람들은 하나님에 관한 이론적인 사실을 그대로 믿었지만, 하나님을 신뢰하지는 않았습니다.

오늘날 많은 성도들이 하나님과 세상에 한 다리씩 걸치고 살아가는 것 같습니다. 그러면서 그때 그때마다 유리한 대로 한쪽 다리를 드는 것 같습니다. 하나님이 진짜로 계시고, 천국과 지옥이 실제로 있는 것처럼 느껴지거나 하나님의 도움이 필요할 때는 세상 쪽의 발을 살짝 들고, 세상에서 약간 불리하다 싶으면 하나님 쪽의 발을 살짝 드는 것 같습니다. 이것은 성경에서 말하는 믿음이 아닙니다.

하나님께 모든 것을 거는 믿음으로, 믿음의 역사를 경험하는 여러분 되시기를 예수님의 이름으로 축원합니다.

넷째, 믿음은 '매번 새롭게' 하나님께 모든 것을 거는 것입니다

믿음은 그때 그때마다 새롭게 하나님을 전적으로 의지하는 것입니다. 우리가 한번 믿음으로 하나님을 의지했다고 해서 그것이 계속적으로 지속되지 않습니다. 다음에 하나님의 인도하심에 전적으로 순복하려면, 우리는 또다시 그 때까지의 모든 것을 걸고 하나님을 전적으로 의지해야 합니다.

"너는 언약궤를 멘 제사장들에게 명령하여 이르기를 너희가 요단 물가에 이르거든 요단에 들어서라 하라"(수3:8)

"여호와께서 여호수아에게 이르시되 보라 내가 여리고와 그 왕과 용사들을 네 손에 넘겨 주었으니 너희 모든 군사는 그 성을 둘러 성 주위를 매일 한 번씩 돌되 엿새 동안 그리하라 제사장 일곱은 양각 나팔을 잡고 언약궤 앞에서 나아갈 것이요 일곱째 날에는 그 성을 일곱 번 돌며 그 제사장들은 나팔을 불 것이며 제사장들이 양각 나팔을 길게 불어 그 나팔 소리가 너희에게 들릴 때에는 백성은 다 큰 소리로 외쳐 부를 것이라 그리하면 그 성벽이 무너져 내리리니 백성은 각기 앞으로 올라갈지니라 하시매"(수 6:2-5)

여호수아는 하나님의 인도하심을 따라 믿음으로, 곧 하나님을 신뢰하되, 전적으로 하나님을 신뢰함으로, 모든 것을 걸고 요단강을 건넜습니다. 놀라운 하나님의 역사였습니다. 그러나 여리고성을 정복할 때는 또 다시 새롭게 모든 것을 걸어야 했습니다.

오늘날 어떤 성도들은 믿음에 대해 너무 막연하고 구체적이지 못하고 심지어는 왜곡된 생각을 가지고 있습니다. 하나님은 하나님이 우리 가운데 함께하셔서 역사하시고 우리에게 복을 주심으로써 '땅의 모든 족속'이 복을 얻게 하시기를 원하십니다. 그것을 위해서 우리는 믿음으로 하나님을 따라야 합니다.

히브리서 11장의 믿음의 사람들처럼, '믿음으로' 하나님을 따라가는 복된 성도들 되시기를 예수님의 이름으로 축원합니다.

함께 나누기

1. 라합은 어떻게 하나님을 믿었습니까?
   _____
   _____
   _____

2. 믿음으로 요단강을 건넜던 여호수아는 여리고성을 정복할 때 다시 어떻게 하나님을 믿어야 했습니까?
   _____
   _____
   _____

3. 오늘의 말씀을 통하여 결단한 것은 무엇입니까?
   _____
   _____
   _____

한 주간의 기도 제목

나 _____
가정 _____
교회 _____

제13과
믿음의 법칙(1)
성경: 창 22:2절 / 찬송: 95장

"여호와께서 이르시되 네 아들 네 사랑하는 독자 이삭을 데리고 모리아 땅으로 가서 내가 네게 일러준 한 산 거기서 그를 번제로 드리라"(2절)

우리가 믿음에 의한 삶을 살기 위해 기억해야 할 원리가 있습니다.

첫째, 우리는 하나님을 아는 만큼 하나님을 믿을 수 있습니다

우리는 아브라함을 '믿음의 조상'이라고 부릅니다. 그만큼 아브라함은 우리의 믿음의 본보기가 됩니다. 로마서 4장에 보면, 아브라함은 자기와 자기 아내의 몸이 아이를 생산하는 면에 있어서 이미 죽은 상태인 것을 알았음에도 불구하고 하나님을 믿음으로 늦은 나이에 이삭을 얻었습니다. 더 나아가 나중에는 자신의 생명보다 소중한 아들일 뿐 아니라, 하나님의 약속의 성취였던 '이삭'을 번제로 드리라는 하나님의 명령에도 하나님을 믿음으로 순종하여, '믿음의 증거'를 얻었습니다.

아브라함은 어떻게 이렇게 하나님을 믿을 수 있었을까요? 로마서 4장은, 아브라함이 하나님을 알되, '죽은 자를 살리시는 분'임을 알았고, 또한 '약속한 것은 반드시 지키시는 하나님'이라는 것을 알았다고 말씀하고 있습니다.

물론 여기서 아브라함이 하나님을 알았다는 것은 그가 성경을 통해 하나님이 전능하신 분이시고 신실하신 분이시라는 사실을 이론적으로 알았다는 말이 아닙니다. 즉 하나님에 관한 지식을 말하는 것이 아닙니다.

이 말은 아브라함이 인격체이신 하나님을 알되, 죽은 자를 살리시는 전능하신 하나님 그리고 반드시 약속을 지키시는 신실하신 하나님을 알았다는 말입니다.

아브라함은 그러한 하나님을 알았기 때문에, 자기와 아내의 몸의 상태를 알았지만 믿음으로 신뢰할 수 있었습니다. 또한 아들 이삭을 번제로 드려도, 하나님께서 재 가운데서 다시 살려서라도 약속하신 것을 반드시 지키실 것을 신뢰하였습니다.

우리는 하나님을 아는 만큼 하나님을 신뢰할 수 있습니다. 더욱 하나님을 알아가시는 여러분 되시기를 예수님의 이름으로 축원합니다.

둘째, 하나님은 자신을 알리십니다

우리가 하나님을 아는 만큼 하나님을 믿을 수 있습니다. 그래서 하나님은 우리로 하여금 믿음으로 따라올 수 있도록 하나님을 우리에게 알리십니다. 우리가 하나님을 알기 위해서는 성령님의 역사하심이 필요합니다(예수님은 성령이 오셔서 우리를 가르치시고 인도하실 것이라고 말씀하셨습니다). 물론 우리는 하나님을 알기를 힘써야 합니다(하나님을 알지 못하는 주된 이유는, 하나님을 알기를 원하지 않기 때문입니다).

하나님께서 우리에게 자신을 알게 하실 때, 주로 무엇을 알게 하실까요? 출애굽기 3장에 보면, 하나님께서 모세에게 자신을 알리시는 장면이 나옵니다(출 3:6-15). 거기에 보면, 하나님께서 자신을 알리시는 내용을 크게 세 가지로 요약할 수 있습니다.

1) 하나님이 어떤 분이신지
2) 하나님의 목적
3) 하나님의 길

하나님께서는 모세에게, '자신이 아브라함과 이삭과 야곱의 하나님이심'과 '여호와 하나님이심'을 알리셨습니다. 그리고 '이스라엘 백성들을 구원하실 것'을 알리셨습니다. 그리고 '모세가 어떻게 할지'도 구체적으로 말씀하셨습니다.

오늘날 우리들은 많은 경우에 하나님을 알기를 힘쓰지 않습니다. 그러면 믿음으로 주님을 따라 살 수 없습니다. 누구보다 하나님을 더욱 알아가는 여러분 되시기를, 그래서 믿음으로 주님을 따르는 복된 성도들이 되시기를 예수님의 이름으로 축원합니다.

함께 나누기

1. 우리는 얼마만큼 하나님을 믿을 수 있나요?
   _____
   _____
   _____

2. 하나님께서 우리에게 알게 하시는 주된 내용은 무엇인가요?
   _____
   _____
   _____
   _____

3. 하나님을 아는 것이 하나님을 믿는 것, 곧 신뢰하는 것을 위해 왜 중요하다고 생각이 되시나요?
   _____
   _____
   _____
   _____

한 주간의 기도 제목

나 _____
가정 _____
교회 _____

4월

제14과 믿음의 법칙(2)
제15과 믿음에 의한 삶을 위한 주요 요소(1)
제16과 믿음에 의한 삶을 위한 주요 요소(2)
제17과 믿음에 의한 삶을 위한 주요 요소(3)

제14과
믿음의 법칙(2)
성경: 갈 2:20절 / 찬송: 430장

"내가 그리스도와 함께 십자가에 못 박혔나니 그런즉 이제는 내가 사는 것이 아니요 오직 내 안에 그리스도께서 사시는 것이라 이제 내가 육체 가운데 사는 것은 나를 사랑하사 나를 위하여 자기 자신을 버리신 하나님의 아들을 믿는 믿음 안에서 사는 것이라"(20절)

우리는 하나님을 아는 만큼 하나님을 믿을 수 있습니다. 또 한 가지 믿음의 법칙은 우리가 하나님을 믿는 만큼 하나님의 영광과 역사하심을 경험합니다.

- 우리가 하나님의 말씀을 통해 성령의 역사하심으로 치유의 주님을 발견하고, 우리의 치유를 위해 하나님을 신뢰할 때 우리는 하나님의 치유를 경험합니다.
- 우리가 하나님의 말씀을 통해 성령의 역사하심으로, 우리의 필요를 채우시는 주님을 발견하고, 우리의 필요를 위해 하나님을 신뢰할 때, 우리는 하나님의 채우심을 경험합니다.
- 우리가 하나님의 말씀을 통해 성령의 역사하심으로, 예수님이 성령을 부어주시는 분임을 발견하고, 성령 충만을 위해 예수님을 신뢰할 때, 우리는 성령 충만을 경험하게 됩니다.
- 우리가 하나님의 말씀을 통해 성령의 역사하심으로, 우리 안에 사시며 우리를 인도하고 계시는 주님을 발견하고, 우리 삶의 매 순간을 위해 하나님을 신뢰할 때, 주님이 우리를 통해서 사십니다.

바울이 '이제 내가 육체 가운데 사는 것은 … 믿음 안에서 사는 것'이라고 말한 것은 이런 의미입니다.

  19세기 중반 중국에서 사역했던 영국 선교사인 허드슨 테일러(1832-1905)도, 이 '믿음의 삶'의 법칙을 발견하고 영국의 가족들에게 편지하며, 가족들도 이 비밀을 발견하기를 간절히 원했습니다.
  허드슨 테일러가 자녀들에게 보낸 편지는 다음과 같습니다.

  "사랑하는 나의 아이들아, 너희도 예수님께 너희 마음을 맡겨 주님께서 매일 보호하시도록 하는 것이 어떤 것인지를 알기 원한다. 나는 내 마음을 내 힘으로 보호해 보려고 애썼었단다. 그러나 그러한 나의 노력은 항상 허사였지. 그러던 중 마침내 자신이 노력하는 것을 포기하고 주님께서 나를 위해 대신 보호해 주실 것을 의뢰하기로 했단다. 너희들 생각에도 이것이 제일 좋은 방법이라는 생각이 들 것이다. 아마 너희들은 가끔 "나는 이기적이지도 않고 불친절하지도 않으며 불순종하지도 않겠다"고 작정하였을 것이다. 그러나 아무리 노력해도 성공하지 못하는 것을 발견할 것이다. 예수님은 "그것을 내게 맡기라. 그러면 너희 마음을 내 능력으로 보호하리라"고 말씀하시고 또한 실제로 그렇게 해주신단다. 한때 나는 예수님을 한순간도 잊지 않으려고 노력한 적이 있었다. 그러나 자꾸 잊어버리곤 했단다. 이제는 내가 주님을 기억하려고 하지 않고 예수님께 맡기고 있으며 주님은 그렇게 해주신단다. 이것이 가장 좋은 길이란다. 블래철리 양에게 이것에 대해서 더 얘기해 달라고 말하려무나. 그리고 하나님께 이 진리를 분명히 깨닫게 해 달라고 기도하려무나. 그리고 너희가 실제로 그렇게 살 수 있도록 기도하려무나."

  허드슨 테일러와 비슷한 시대에 활동했던 조지 뮬러(1805-1898)에게서도 같은 '믿음의 법칙'을 발견할 수 있습니다. 조지 뮬러는 고아원을 운영했습니다. 한때는 한꺼번에 다섯 개의 고아원에서 2,000명의 고아들을 돌보기도 했고, 평생 15만명의 고아들을 보살폈습니다. 그런데 조지 뮬러는 그 일을 자신의 힘으로 감당하지 않았습니다. 사실 자신의 힘으로 감당할 수 있는 일도 아니었습니다. 그는 '고아들의 필요'를 위해 오직 '하나님께만 기도하고, 하나님께서 그 필요를 채우실 것을 신뢰'했습니다. 그는 이렇게 말했습니다. "내가 기도하고 이 고아원 사역을 하는 중요한 한 가지 목적은 하나님이 살아 계시는 분임을 모든 사람에게 나타내는 일이다." 조지 뮬러가 이렇게 하나님을 신뢰했을 때, 하나님은 그 많은 고아들의 식사가 단 한 번도 10분 이상 지연되도록 하신 적이 없었습니다.

그가 이렇게 할 수 있었던 까닭은, 그가 성경을 통해 '하나님은 고아들의 아버지'(시 68:5)이심을 알았고, 실제로 그는 고아들의 아버지이신 하나님을 신뢰했기 때문이었습니다.

조지 뮬러는 이렇게 말합니다.

"단순히 걱정하지 않는 것이 아니라, 기도로 주님께 맡겼던 것이다. 주위 사람들은 이해할 수 없었다. 내일에 대해 속수무책인 것으로 생각했다. 빵 한 조각 살 돈이 없는 상황이었으며 우유를 구입할 돈도 없었고, 석탄도 필요하고, 많은 일용품이 절박하게 필요했었다.… 그러나 나는 주님께서 그들을 버리지 않으시고 도우신다는 것을 알고 있었고, 그분을 신뢰했다. … 그리고 하나님은 단 한 번도 예외없이 놀랍게 역사하셨다."

우리는 하나님을 믿는 만큼, 하나님의 영광(역사)을 경험합니다. 여러분의 삶에 '믿음의 역사'가 더욱 놀랍게 나타나기를 예수님의 이름으로 축원합니다.

함께 나누기

1. 하나님의 영광(역사)를 경험하는 원리는 무엇입니까?
   _____
   _____
   _____

2. 믿음으로 하나님의 영광(역사)를 경험했던 개인적인 경험이나
   알고 있는 일을 나눠보세요.
   _____
   _____
   _____
   _____

3. 오늘의 말씀을 통하여 결단한 것은 무엇입니까?
   _____
   _____
   _____
   _____

한 주간의 기도 제목

나 _____
가정 _____
교회 _____

제15과
믿음에 의한 삶을 위한 주요 요소(1)
성경: 히 11:24-26절 / 찬송: 364장

"믿음으로 모세는 장성하여 바로의 공주의 아들이라 칭함 받기를 거절하고 도리어 … 이는 상주심을 바라봄이라"(24-26절)

우리가 실제적으로 믿음에 의한 삶을 살기 위해 몇 가지 중요한 요소들을 살펴보는 것이 필요합니다.

첫째, 하나님의 행하심을 보는 것

우리가 믿음에 의한 삶을 살려면, 하나님의 행하심을 보는 것이 중요합니다. 왜냐하면, 하나님은 그분께서 시작하신 일을 뒷받침하시기 때문입니다.

어떤 사람이, "하나님, 하나님께서 나를 부르셨으면 나로 하여금 베드로처럼 물 위로 걷게 해주세요."라고 간절히 기도하고 난 다음에 물 위에 뛰어들었습니다. 그 사람은 베드로처럼 물 위를 걷지 못하고 물에 빠졌습니다. 다행히 지나가는 사람에 의해 목숨을 건졌지만, 그는 소위 '믿음으로' 물 위에 뛰어들었다가 죽을 뻔했습니다.

'간절하게 기도하고', '믿음으로 했는데', 이 사람은 왜 물 위를 걷지 못했을까요? 이 사람과 베드로의 차이는 무엇이었을까요?

베드로의 경우는 예수님의 '오라'는 말씀이 있었던 반면, 이 사람은 '자기 마음대로' 했기 때문입니다.

믿음은, 하나님께서 앞서가실 때 비로소 우리에게 필요합니다.

그런데 오늘날 적지 않은 성도들이 자기 스스로 계획을 세우고, 그것을 위해 열심히 기도하고 난 다음, "하나님께서 도와주실 줄 믿습니다." 라고 말하면서 일을 추진하곤 합니다. 그리고 큰 낭패를 경험하고, 하나님을 원망하기도 합니다. 그것은 전혀 성경이 말하는 믿음이 아닙니다.

오늘 본문 말씀은 모세에 대한 말씀입니다. 모세는 '믿음으로' 그 당시 세계 최강국인 애굽의 모든 권세와 부와 명예를 누리는 것보다, 그리스도를 위하여 능욕을 받고 애굽의 노예인 하나님의 백성들과 함께 고난을 받는 것을 더 귀하게 여겼습니다. 모세의 그러한 믿음은 하나님의 부르심에 기초하고 있었습니다. 사도행전을 보면, 모세는 하나님께서 자기를 통해서 이스라엘 백성들을 건지실 것을 알고 있었습니다(행 7:23-25).

그럼에도 불구하고 모세는 처음에 이스라엘 백성들을 구원해내는데 실패했습니다. 왜냐하면 40세의 모세는 '스스로' 그 일을 이루려고 했기 때문입니다. 다시 말해서, 그 일은 하나님께서 시작하신 일이 아니었기 때문입니다.

반면에 40년 후에, 모세는 그 전에 가지고 있던 부와 권세, 특권을 전혀 가지고 있지 않았음에도 불구하고 '믿음으로' 이스라엘 백성들을 애굽에서 구원해내게 됩니다. 왜냐하면 그 일은 하나님이 시작하신, 하나님의 일이었기에, 하나님께서 모든 은혜와 능력으로 함께하셨기 때문입니다.

이와 같이, 우리가 믿음으로 살아감으로써, 하나님의 복을 얻고, 그 복을 통해 '땅의 모든 족속'이 복을 얻게 하는 삶이 되기 위해서는, '하나님의 행하심을 보는 것'이 중요한 요소입니다. 그러니까 흔히 말하는 '믿음으로 사는 삶'이 되려면, 하나님의 뜻을 아는 것, 하나님의 인도하심을 따르는 것, 하나님께서 역사하시는 일들을 보는 것이 먼저 되어야 합니다. 물론 하나님께서 뜻을 알게 하시고, 말씀하시고, 인도하셔도 '믿음'으로 반응(순종)하지 않을 수도 있습니다.

예를 들면, 아브라함이 이삭을 번제로 드리지 않을 수도 있고, 모세가 애굽으로 돌아가지 않을 수도 있고, 여호수아가 요단강을 건너지 않을 수도 있습니다. 그러나 그들은 하나님을 '믿음으로' 순종했고, 하나님은 역사하셨습니다. 그래서 우리는 그들을 '믿음의 사람들'이라고 부릅니다. 중요한 것은, 그들 누구도, 그 모든 일들을 '자기 마음대로' 한 일이 아니라는 것입니다. 하나님께서 그들을 인도하셨고, 그들은 하나님의 인도하심과 행하심을 보고, '믿음으로' 순종했습니다.

'믿음으로' 사는 삶을 위해서는, 하나님의 행하심(인도하심)을 보는 것이 중요합니다. 하나님의 인도하심에 '믿음으로' 순종하는 여러분 되셔서, 하나님의 복을 '누리고, 전하는' 여러분 되시기를 예수님의 이름으로 축원합니다.

함께 나누기

1. 믿음의 사람들은 '자기 마음대로' 살았나요, 하나님의 인도하심을 따라 살았나요?
   _____
   _____
   _____
   _____
   _____

2. '믿음으로' 한다고 하면서 낭패를 겪는 사람들을 본 적이 있나요?
   _____
   _____
   _____
   _____
   _____

3. 당신은 '하나님의 인도하심(행하심)'을 보고 있나요?
   _____
   _____
   _____

한 주간의 기도 제목

나 _____
가정 _____
교회 _____

제16과
믿음에 의한 삶을 위한 주요 요소(2)
성경: 출 14:1-4절 / 찬송: 359장

"여호와께서 모세에게 말씀하여 이르시되 … 돌이켜 바다와 믹돌 사이의 비하히롯 앞 곧 바알스본 맞은편 바닷가에 장막을 치게 하라 … 내가 바로의 마음을 완악하게 한즉 바로가 그들의 뒤를 따르리니 내가 그와 그의 온 군대로 말미암아 영광을 얻어 애굽 사람들이 나를 여호와인 줄 알게 하리라 …"(1-4절)

믿음에 의한 삶을 실제적으로 살기 위해 중요한 요소들을 살펴봅니다. 앞 과에서 '하나님의 행하심을 보는 것'의 중요성을 보았습니다. 그런데 우리가 '하나님의 인도하심(행하심)'을 보기 위해서는,

둘째, 하나님과의 친밀함이 중요합니다

성경 본문을 읽겠습니다. 출애굽기 14장 6-14절 말씀입니다.

"바로가 곧 그의 병거를 갖추고 그의 백성을 데리고 갈새
선발된 병거 육백 대와 애굽의 모든 병거를 동원하니 지휘관들이 다 거느렸더라
여호와께서 애굽 왕 바로의 마음을 완악하게 하셨으므로 그가 이스라엘 자손의 뒤를 따르니 이스라엘 자손이 담대히 나갔음이라
애굽 사람들과 바로의 말들, 병거들과 그 마병과 그 군대가 그들의 뒤를 따라 바알스본 맞은편 비하히롯 곁 해변 그들이 장막 친 데에 미치니라
바로가 가까이 올 때에 이스라엘 자손이 눈을 들어 본즉 애굽 사람들

이 자기들 뒤에 이른지라 이스라엘 자손이 심히 두려워하여 여호와께 부르짖고

그들이 또 모세에게 이르되 애굽에 매장지가 없어서 당신이 우리를 이끌어 내어 이 광야에서 죽게 하느냐 어찌하여 당신이 우리를 애굽에서 이끌어 내어 우리에게 이같이 하느냐

우리가 애굽에서 당신에게 이른 말이 이것이 아니냐 이르기를 우리를 내버려 두라 우리가 애굽 사람을 섬길 것이라 하지 아니하더냐 애굽 사람을 섬기는 것이 광야에서 죽는 것보다 낫겠노라

모세가 백성에게 이르되 너희는 두려워하지 말고 가만히 서서 여호와께서 오늘 너희를 위하여 행하시는 구원을 보라 너희가 오늘 본 애굽 사람을 영원히 다시 보지 아니하리라

여호와께서 너희를 위하여 싸우시리니 너희는 가만히 있을지니라"

이스라엘 백성들이 출애굽을 한 후에 바로가 군대를 이끌고 이스라엘 백성들을 뒤쫓아옵니다. 바다 앞에 이른 이스라엘 백성들은 막다른 상황에 놓이게 되고, 그로 인해 절박하게 부르짖으며 하나님과 모세를 원망하기 시작합니다. 그런데 모세는 그런 상황에서 백성들을 향해, '두려워하지 말고 가만히 서서 구원을 행하시는 하나님을 보라'고 말합니다. 모세는 어떻게 이렇게 할 수 있었을까요? 어떻게 보면 이 상황에서 제일 힘든 사람이 모세였을 텐데 말입니다. 모세가 이렇게 '믿음으로' 설 수 있었던 이유가 오늘 본문 말씀, 출애굽기 14장 1-4절에 있습니다.

간단히 말해서, 모세는 '알고' 있었습니다. 모세는 지금 이곳에 하나님의 인도하심을 따라 왔고, 하나님께서 바로와 그의 군대에게 역사하셔서 하나님의 영광을 나타내실 것을 알고 있었습니다. 물론 '어떻게' 역사하실지는 몰랐고, '막다른 상황'으로 인해 두려움도 있었지만, 이 상황과 자리가 하나님께서 인도하신 것이고, 하나님께서 역사하실 것을 알

고 있었습니다. 그래서 '믿음으로' 그렇게 말할 수 있었습니다. 반면에, 이스라엘 백성들은 알지 못했기 때문에 '막다른 상황'만 보였고, '원망하며 부르짖을' 수밖에 없었습니다.

그래서, 믿음으로 살기 위해서는 '하나님과의 친밀함'이 중요합니다.

"여호와의 친밀하심이 그를 경외하는 자들에게 있음이여 그의 언약을 그들에게 보이시리로다"(시 25:14)

'친밀하심'이라는 단어를 영어성경들은 '비밀(secret) 혹은 비밀을 나누다(confide in)'로 번역하고 있습니다. 예레미야서에도, 당시 거짓 선지자들이 '자기 마음대로' 하나님의 말씀이라고 전하는 것에 대해 말씀하면서, '누가 여호와의 회의에 참여하여 그 말을 알아들었으며 누가 귀를 기울여 그 말을 들었느냐(렘 23:18)'고 말합니다.

하나님은 '하나님과의 친밀함'을 통해 '비밀' 곧, '하나님의 의중과 마음, 목적과 길'을 알리십니다. 우리는 하나님과의 친밀함 가운데, 하나님의 인도하심을 따라 살아야 합니다. 그래야 '믿음의 역사'를 경험할 수 있습니다.

하나님과의 친밀함 가운데, 주님의 마음과 뜻을 알아, 믿음으로 순종하는 여러분 되시기를 예수님의 이름으로 축원합니다.

함께 나누기

1. 어떻게 모세는 '앞에는 바다, 뒤에는 바로의 군대'의 상황에서 '믿음으로' 행동할 수 있었나요?

   _____
   _____
   _____

2. 이스라엘 백성들이 처한 상황은 지금의 어떤 상황에 비유할 수 있을까요?

   _____
   _____
   _____

3. 당신은 하나님과의 관계가 친밀한가요? 아니라면 어떻게 해야 할까요?

   _____
   _____
   _____

한 주간의 기도 제목

나 _____
가정 _____
교회 _____

제17과
믿음에 의한 삶을 위한 주요 요소(3)
성경: 고후 3:6절 / 찬송: 338장

"저가 또 우리로 새 언약의 일꾼 되기에 만족케 하셨으니 의문으로 하지 아니하고 오직 영으로 함이니 의문은 죽이는 것이요 영은 살리는 것임이니라"(6절)

믿음에 의한 삶을 실제적으로 살기 위해 중요한 요소들을 살펴봅니다. 많은 요소들이 있겠지만, 그 중 하나는, '성령에 의한 삶'을 사는 것입니다.

셋째, 성령에 의한 삶을 사는 것이 중요합니다

오늘 본문 말씀은 신약시대 성도들이 '문자'에 의한 삶이 아니라, '성령'에 의한 삶을 살아야 할 것에 대해서 말씀하고 있는 대표적인 구절입니다. 성경학자 F.F 브루스도 이 구절을 토대로 예수님 이후의 신약시대가 '성령의 시대'라고 가르치고 있습니다. 구약시대도 마찬가지이지만, 특별히 신약의 성도들은 '성령에 의한 삶'을 살아야 합니다.

특히 우리가 '믿음으로' 살아가려면, 앞서 살펴본 것처럼, '하나님과의 친밀함' 가운데, '하나님의 인도하심'을 따라가야 하는데, 이 삶은 우리가 '성령에 의한 삶'을 살지 않고서는 불가능합니다. 특별히 '성령의 조명'이 필수적입니다.

여호수아가 '성령'으로 충만했습니다.

"모세가 눈의 아들 여호수아에게 안수하였으므로 그에게 지혜의 영이 충만하니 이스라엘 자손이 여호와께서 모세에게 명령하신 대로 여호수아의 말을 순종하였더라"(신 34:9절)

여호수아 1장에 보면, 하나님께서 반복적으로 여호수아에게 '하나님의 말씀(율법)을 읽고, 묵상하고, 지켜 행할 것'에 대해 말씀하셨습니다. 매우 중요합니다. 하지만, 그것만으로 부족합니다. 여호수아는 '성령으로' 충만해야 했습니다. 신명기 34장 9절에 보면, 모세가 안수함으로 여호수아에게 '지혜의 영'이 충만했다고 말씀하고 있습니다. 모세의 후계자였던 여호수아는, 말씀(율법)을 철저히 지켰을 뿐 아니라, 동시에 '성령으로' 충만했습니다. 말씀과 성령이 조화를 이루는 것이 정말 중요합니다.

오늘날 어떤 성도들은, '말씀'만 강조하는 경우가 있습니다. 이것은 충분하지 않습니다. '말씀의 토대 위에, 성령의 인도를 따라야' 합니다. 예를 들어, 여호수아의 경우 말씀(율법)을 철저하게 '읽고, 묵상하고, 지켜 행했지만', 율법에는 요단강을 어떻게 건너야 하는지에 대한, 여리고성을 어떻게 정복해야 하는지에 대한 기록은 없기 때문입니다.

예수님은 제자들을 고아와 같이 버려두지 않고, 성령을 보내시겠다고 말씀하셨습니다.

"내가 아버지께 구하겠으니 그가 또 다른 보혜사를 너희에게 주사 영원토록 너희와 함께 있게 하리니 그는 진리의 영이라 세상은 능히 그를 받지 못하나니 이는 그를 보지도 못하고 알지도 못함이라 그러나 너희는 그를 아나니 그는 너희와 함께 거하심이요 또 너희 속에 계시겠음이라 내가 너희를 고아와 같이 버려두지 아니하고 너희에게로 오리라"(요 14:16-18)

그리고 신약성경에 의하면, 우리가 구원을 얻는 것도(요 3:5), 성화를 위해서도(고후 3:18), 우리의 사역(요 5:19-20)과 예배(빌 3:3, 고전 14:26)를 위해서도, 우리가 영적 전쟁에서 승리하기 위해서도 성령님이 필수입니다.

믿음의 사람들의 예를 보아도 이 부분은 명백합니다. 감리교회의 창시자였던 요한 웨슬레는 대학 시절부터 '신성클럽(Holy Club)'을 결성해서 '정기적인 예배와 기도, 성경 읽기와 묵상, 전도'를 열심히 했습니다. 후에 선교에 대한 열정으로 미국(조지아)로 선교도 갔습니다. 그런 요한 웨슬레가 지금 우리가 아는 요한 웨슬레가 되었던 것은 그러한 '경건 훈련'으로 된 것이 아니라, 선교사역의 실패, 관계에서의 문제 등을 겪은 후에, 모라비안의 집회에서 '성령의 조명'을 통해 '예수님을 만난' 일 때문이었습니다. 허드슨 테일러도, 종교 개혁자 마틴 루터도 모두 마찬가지였습니다.

우리가 믿음으로 삶을 살려면, '성령에 의한 삶'을 사는 것이 필수입니다. 성령의 조명을 통해 하나님의 뜻을 발견하고 겸손하게 주님을 따르는 성도들 되셔서, '믿음으로' 하나님의 역사를 경험하는 복된 성도들 되시기를 예수님의 이름으로 축원합니다.

함께 나누기

1. 말씀을 소중히 여기는 것과 함께 무엇이 중요한가요?

2. '성령에 의한 삶'을 살지 않으면 어떤 문제가 있을까요?

3. 오늘의 말씀을 통하여 결단한 것은 무엇입니까?

한 주간의 기도 제목

나 _____
가정 _____
교회 _____

5월

◆

제18과　믿음의 가정
제19과　대를 잇는 신앙의 가정
제20과　너희 자녀를 위해 울라
제21과　하나님께서 원하시는 것
제22과　하나님을 아는 지식 : 믿음

제18과
믿음의 가정

성경: 눅 15:11-32절 / 찬송: 559장

"이에 일어나서 아버지께로 돌아가니라 아직도 거리가 먼데 아버지가 그를 보고 측은히 여겨 달려가 목을 안고 입을 맞추니"(20절)

5월을 '가정의 달'이라고 부릅니다. 우리 사회는 전통적으로 가정을 중요시 여겨왔습니다만 요즘은 이혼, 1인 가구의 증가, 부모와 자녀의 갈등 등으로 위기의 가정이 늘어나고 있는 것이 현실입니다.

본문을 보면 예수님께서 한 위기의 가정에 관한 이야기를 비유로 말씀하셨습니다. 우리가 잘 아는 '탕자의 비유'입니다. 어느 날 둘째 아들이 아버지에게 찾아와 이렇게 말합니다.

"아버지여 재산 중에서 내게 돌아올 분깃을 내게 주소서"(12절)

둘째 아들의 이 말은 대단히 불효막심(不孝莫甚)한 말이며 아버지께 무례를 행함으로 가정의 유대관계를 위기에 빠트리는 말입니다. 당시 아버지로부터 재산을 물려받을 수 있는 경우는 두 가지입니다. 하나는 결혼을 할 때입니다. 두 번째는 아버지가 돌아가신 후 유산을 받는 것입니다. 지금 둘째 아들은 아버지가 돌아가실 때 받을 유산을 미리 달라는 것이니 이는 아직 정정하게 살아계신 아버지께 대단히 무례한 것입니다.

예수님께서는 비유를 말씀하시며 둘째 아들이 갑자기 왜 이런 요구를 하게 되었는지 명확히 밝히고 있지는 않습니다만, 구약에서의 위기의 가정에 대한 예를 보면 성경은 주로 가인과 아벨, 이스마엘과 이삭, 야곱과 에서와 같이 형제간의 불화를 통해 위기의 가정을 보여주고 있음을 봅니다. 그렇기에 어쩌면 이 둘째 아들도 형과의 어떤 갈등이 이유가 되지 않았을까 싶습니다.

그런데 그 후 둘째 아들이 하는 행동을 보십시오.

"그 후 며칠이 안 되어 둘째 아들이 재물을 다 모아 가지고 먼 나라에 가 거기서 허랑방탕하여 그 재산을 낭비하더니"(13절)

둘째 아들은 아버지께로부터 받은 것을 현금화해서 이방 땅으로 가 그곳에서 '허랑방탕'한 삶을 살며 재산을 허비했습니다. 그리고 그러한 삶의 결국을 예수님께서는 이렇게 말씀하셨습니다.

"가서 그 나라 백성 중 한 사람에게 붙여 사니 그가 그를 들로 보내어 돼지를 치게 하였는데 그가 돼지 먹는 쥐엄 열매로 배를 채우고자 하되 주는 자가 없는지라"(15~16절)

하나님의 택한 백성이라는 자부심을 갖고 살던 유대인인 그가 이방인들에게 붙여 살며 유대인이 혐오하는 돼지 치는 일을 하고 돼지가 먹는 쥐엄 열매로 겨우 허기를 면하며 살게 되었으니 이는 둘째 아들의 삶이 얼마나 비참했는지를 보여줍니다.

그 후 비참한 삶의 끝에 둘째 아들이 깨닫고 돌이키게 되는데 그 과정을 담은 구절이 17절부터 20절 상반 절까지 언급되고 있습니다. 이 4개절에게 계속 반복적으로 등장하는 단어가 하나 있습니다. 바로 '아버지'라는 단어입니다. 이는 둘째 아들이 인생의 나락에서 고통스러운 삶을 사는 동안 떠올린 얼굴이 아버지였다는 것입니다. 이는 둘째 아들이 다시 살아갈 삶의 희망을 찾을 수 있었던 이유가 아버지는 늘 그 자리에서 자신이 돌아오기까지 기다리고 계실 것이라는 믿음이 있기 때문임을 보여줍니다.

예수님께서는 둘째 아들을 기다리는 아버지의 모습을 이렇게 묘사하셨습니다.

"아직도 거리가 먼데 아버지가 그를 보고 측은히 여겨 달려가 목을 안고 입을 맞추니"(20절)

아버지는 아직 거리가 먼데도 힘없이 걸어오는 사람이 자신의 둘째 아들임을 알아보고 달려갑니다. 어떻게 그럴 수 있습니까? 매일 아들을 기억하고 그리워하며 기다렸기에 한눈에 알아보는 것입니다. 그리고 주저없이 둘째 아들에게 달려가 목을 안고 입을 맞춥니다. 이미 아버지의 마음에는 둘째 아들을 향한 사랑으로 가득하기에 그 둘째 아들이 집을 나갈 때 아버지를 섭섭하게 했던 일은 잊었습니다. 이미 마음으로 다 용서한 것입니다. 이것이 아버지의 마음입니다.

옛말에 "내리 사랑은 있어도 치사랑은 없다"라는 말이 있습니다. 사랑은 위에서 아래로 흐르는 것이 쉽지 반대로 가는 것은 어렵다는 말입니다. 위기의 가정을 끝까지 유지하고 지탱하며 버티고 서 있어야 할 사람은 우선적으로 자녀라기보다는 아버지이고 어머니입니다.

5월 가정의 달, 하나님을 믿는 신앙 안에 굳건히 서서 가정의 든든한 버팀목이 되고자 기도하는 여러 부모 된 성도님들에게 하나님의 귀한 은혜가 함께하시기를 바랍니다.

함께 나누기

1. 오늘 본문 중에서 가장 인상적인 말씀은 무엇이며 왜 그렇게 생각하는지를 나누어 봅시다.
   _____
   _____
   _____

2. 가정 안에서 자녀들의 신앙에 본이 되고 계신지요? 그렇지 못하다면 무엇부터 바꿔가야 할까요?
   _____
   _____
   _____

3. 가정이 하나님의 은혜 안에서 아름답게 세워져 가도록 함께 기도하시기 바랍니다.
   _____
   _____
   _____

한 주간의 기도 제목

나 _____
가정 _____
교회 _____

제19과
대를 잇는 신앙의 가정
성경: 수 4:19-24절 / 찬송: 235장

"여호수아가 요단에서 가져온 그 열두 돌을 길갈에 세우고 이스라엘 자손에게 말하여 이르되 후일에 너희의 자손들이 그들의 아버지에게 묻기를 이 돌들은 무슨 뜻이니이까 하거든 너희는 너희의 자손들에게 알게 하여 이르기를 이스라엘이 마른 땅을 밟고 이 요단을 건넜음이라"(20~22절)

2018년도에 장로교신학대학교 기독교교육학과의 박상진 교수가 『한국 교회학교 위기 유발 원인 분석 연구』라는 논문을 발표했는데, 그 순위를 보면 교회학교 위기를 유발하는 가장 큰 요인은 부모가 가정에서 신앙교육을 하지 않기 때문이라는 것이었습니다. 그만큼 부모가 먼저 자녀의 신앙교육을 위해 그리고 아름다운 믿음의 가정을 위해 헌신해야 함을 보여줍니다.

본문의 배경은 출애굽한 이스라엘 백성들이 40년의 광야생활을 마치고 드디어 약속의 땅, 가나안에 첫 발을 딛기 위하여 요단강을 건너는 장면입니다. 아마도 이 순간은 이스라엘 백성에게 누구나 할 것 없이 긴장되고 또 흥분되며 설레는 순간이었을 것입니다. 지난 40년을 이 날만 기다려왔습니다. 아마도 마음이 급했을 것입니다. 그래서 서둘러 요단강을 건너려고 준비를 합니다. 그런데 그때 하나님께서 여호수아에게 한 가지 명령을 내리시는데 그것은 요단강을 건너다가 강 가운데, 제사장들이 언약궤를 메고 서 있는 곳에서 돌 열두 개를 가져다가 오늘 밤 가나안 땅에서 처음으로 야영하는 곳, 길갈에 돌무더기로 기념비를 쌓으라는 것입니다.

하나님께서는 왜 이러한 일을 시키는 것일까요? 길갈에 세운 열두 돌에는 하나님께서 이스라엘에게 알려주시기 원하시는 세 가지 이유가 있습니다.

첫째, 하나님께서는 처음 출애굽을 시작할 때 기적으로 홍해를 건너게 하셨던 것처럼, 가나안에 들어갈 때도 흐르던 요단강 물을 멈추시는 놀라운 기적으로 건너게 하셨습니다. 하나님께서는 이스라엘 백성들이 이 일을 기억하기 원하셨습니다(4:7).

둘째, 하나님께서는 당신께서 어떠한 은혜와 사랑, 그리고 기적으로 이스라엘에게 베푸셨는지를 이스라엘 백성들과 또한 만방이 알기를 원하셨습니다. 그리하여 이스라엘 백성들이 항상 하나님을 경외하며 깊이 관계 맺기를 원하셨습니다(4:24).

셋째, 이는 하나님께서 아브라함 때부터 약속하셨던 가나안 땅을 밟게 하심으로 애굽에서의 400여 년의 노예생활의 수치를 잊게 히시기 위함입니다(5:9). 이스라엘 백성이 애굽에서는 땅 한 평 가질 수 없었던 노예였으나 이제는 젖과 꿀이 흐르는 땅을 소유한 자유민이 되었습니다.

그리고 무엇보다도 중요한 것은 하나님께서는 이러한 하나님의 은혜와 사랑을 요단강을 건넌 지금의 이스라엘 백성들뿐만이 아니라 앞으로 자라 날 자녀들에게도 알려주기를 원했다는 것입니다.

"이스라엘 자손들에게 말하여 이르되 후일에 너희의 자손들이 그들의 아버지에게 묻기를 이 돌들은 무슨 뜻이니이까 하거든 너희는 너희의 자손들에게 알게 하여 이르기를 이스라엘이 마른 땅을 밟고 이 요단을 건넜음이라"(21~22절)

여기서 우리가 반드시 알아야 할 중요한 신앙의 원리 한 가지가 있습니다. 그것은 믿음을 자녀 세대에게 대를 잇게 하기 위해서는 부모 된 우리가 먼저 하나님을 경험하는 삶을 살아야 한다는 것입니다. 내가 하나님을 경험해 본 적이 없는데 어떻게, 그리고 무엇을 자녀에게 전해주시겠습니까? 부모 된 내가 하나님과 동행하는 삶을 살아본 적이 없는데 어떻게 자녀들에게 하나님과 동행하는 삶을 살라고 할 수 있을까요?

오늘 본문에서도 보면 하나님께서는 이스라엘 백성들에게 뜬구름 잡는 소리를 자녀들에게 전해주라고 말하는 것이 아님을 알 수 있습니다. 그들은 하나님의 능력으로 말미암아 흐르던 요단강 물이 멈춰서는 기적을 직접 눈으로 보았고, 자신의 발로 요단강의 마른 땅을 밟고 건너는 경험을 했습니다. 그러니 이제 자신이 보고 듣고 만져보고 직접 체험한 일을 자신 있게 자녀들에게 말하라는 것입니다.

부모가 먼저 예배를 통하여, 기도를 통하여, 섬김을 통하여, 헌금생활을 통하여 하나님을 경험한 후에야 자녀들이 하나님의 은혜 안에서 자라기를 기대할 수 있습니다. 그러니 부모가 먼저 하나님을, 그리고 그분의 은혜와 사랑을 경험해야 합니다. 열정으로 섬기고 순종하는 삶을 살아야 합니다. 그래야 대를 잇는 믿음의 가정을 세워갈 수 있습니다.

자녀들에게 하나님께 순종하며 사는 신앙생활에 대한 올바른 가치관과 경험을 심어주도록 부모 된 성도님들께서 먼저 그러한 삶을 살아주시기를 부탁드리겠습니다.

함께 나누기

1. 오늘 본문 중에서 가장 인상적인 말씀은 무엇이며 왜 그렇게 생각하는지를 나누어 봅시다.
   _____
   _____
   _____

2. 자녀들을 신앙으로 양육하는 좋은 방법 중의 하나는 가정예배를 드리는 것입니다. 가정예배의 경험이 있다면 나누어 봅시다.
   _____
   _____
   _____

3. 인가귀도(引家歸道), 즉 온 가족이 예수님을 구주로 영접하고 구원받는 가정이 되도록 함께 기도합시다.
   _____
   _____
   _____

한 주간의 기도 제목

나 _____
가정 _____
교회 _____

제20과
너희 자녀를 위해 울라

성경: 삼상 3:1-14절 / 찬송: 540장

"엘리의 눈이 점점 어두어 가서 잘보지 못하는 그 때에 그가 자기 처소에 누웠고 하나님의 등불은 아직 꺼지지 아니하였으며 사무엘은 하나님의 궤 있는 여호와의 전 안에 누웠더니 여호와께서 사무엘을 부르시는지라 그가 대답하되 내가 여기 있나이다 하고"(2~4절)

5월에 자녀의 신앙교육에 대하여 생각해보는 것도 좋을 듯합니다. 교회 안에서 신앙교육은 지식을 전달하는 것이 주요 목적이 아니며 그렇게 되어서도 안 됩니다. 우리가 지향해야 할 것은 성경을 지식적으로 전달해야 하는 대상으로 인식하는 것이 아닌, 올바른 기독교 교육을 통해 우리의 자녀들이 성경의 말씀과 기독교 가치관의 의미를 마음 깊이 이해하고 그것을 삶 속에 적용함으로 자신과 이 사회를 변화시킬 수 있기를 소망해야 합니다. 그렇다면 우리는 어떻게 성경이 말하는 올바른 신앙교육을 자녀들에게 행할 수 있을까요?

사무엘이 좋은 예가 될 수 있을 것입니다. 하나님은 당대 최고의 지도자요 제사장인 엘리가 아닌 어린 사무엘을 찾으셨습니다. 왜일까요?

첫째, 부모(어머니)의 믿음이 달랐습니다

성경은 사무엘의 어머니 한나가 어떻게 사무엘을 낳게 되었는지에 대하여 자세히 설명하고 있습니다. 말 그대로 기도로 낳은 아들이 사무엘입니다(1장). 정말 눈물로 기도하여 얻었기에 얼마나 귀했을까요? 그럼에도 한나는 자신이 드린 서원(誓願)의 기도대로 사무엘을 하나님께 드리기를 주저하지 않았습니다. 자녀를 키우며 부모가 해야 할 일이 많이 있겠으나 그 중에 첫 번째가 하나님 안에서 올바른 신앙의 본을 보이는 것임을 한나는 우리에게 분명히 보여주고 있습니다.

둘째, 사무엘은 예배하는 마음이 달랐습니다

당대 최고의 지도자요 제사장인 엘리가 자기 처소에 누워있는 밤에 아이 사무엘은 하나님의 궤가 있는 여호와의 전에 누워있었습니다. 성경은 아이 사무엘이 태어난 후 늘 하나님 곁에 있었음을 강조합니다 (2:11,21,26). 사무엘은 늘 하나님 곁에서 하나님을 섬기며 예배하는 일을 즐거워하는 아이로 자랐습니다. 이러한 사무엘을 하나님께서도 기뻐하셨습니다. 성경은 이러한 사무엘을 향한 하나님의 말씀을 이렇게 증거합니다.

"내가 나를 위하여 충실한 제사장을 일으키리니 그 사람은 내 마음, 내 뜻대로 행할 것이라 내가 그를 위하여 견고한 집을 세우리니 그가 나의 기름 부음을 받은 자 앞에서 영구히 행하리라"(2:35)

우리의 자녀들이 하나님께 붙들려 쓰임 받기를 원한다면 우리는 우리의 자녀들이 하나님 앞에 나아가 예배하며 하나님과 더불어 동행하기를 즐겨하도록 이끌어야 합니다.

그리고 그 일을 위해서는 부모가 먼저 늘 하나님 앞에서 예배에 집중하고 기도에 힘쓰는 가운데 하나님의 은혜를 간절히 사모하는 모습을 보여주어야 합니다. 이는 자녀의 올바른 신앙교육을 위해서는 목사님이나 전도사님 이전에 부모가 모범을 보여야 함을 말함입니다.

부모는 자녀들이 어릴수록 하나님을 믿는 믿음 안에서 세상을 올바르게 이해하고 느끼며 소통하는 창문이 되어주어야 합니다. 우리의 자녀들은 많은 지식이 부족해서 교회를 떠나는 것이 아닌 단 하나, 복음 안에서 믿음의 삶을 살아가는 것이 얼마나 귀하고 아름다운지를 진실 되게 보여주는 본보기가 없어서 떠나는 것임을 명심해야 합니다.

가정의 달을 맞아 부모와 자녀들이 함께 믿음 안에서 성장하는 모습을 볼 수 있기를 바랍니다.

함께 나누기

1. 오늘 본문 중에서 가장 인상적인 말씀은 무엇이며 왜 그렇게 생각하는지를 나누어 봅시다.

   _____
   _____
   _____

2. 요즘 젊은이들이 교회를 떠나고 있다고 합니다. 그 이유를 무엇이라 생각하십니까?

   _____
   _____
   _____

3. 자녀들의 신앙성장을 위하여 이제 무엇부터 시작하시겠습니까?

   _____
   _____
   _____
   _____

한 주간의 기도 제목

나 _____
가정 _____
교회 _____

제21과
하나님께서 원하시는 것

성경: 신 10:12-22절 / 찬송: 542장

"이스라엘아 네 하나님 여호와께서 네게 요구하시는 것이 무엇이냐 곧 네 하나님 여호와를 경외하여 그의 모든 도를 행하고 그를 사랑하며 마음을 다하고 뜻을 다하여 네 하나님 여호와를 섬기고 내가 오늘 네 행복을 위하여 네게 명하는 여호와의 명령과 규례를 지킬 것이 아니냐"(12~13절)

많은 사람들이 행복을 소유물과 연관 지어 생각하는 경향이 있습니다. 원하는 것을 소유할 때 행복하다고 느끼는 것입니다. 그러나 모세는 다르게 말합니다. 소유물을 늘려가는 것이 아닌 하나님의 명령과 규례를 지킴으로 하나님과 관계를 맺어감이 행복이라고 말하고 있습니다. 그러면서 몇 가지를 강조하고 있습니다.

첫째, 마음에 할례를 받아야 합니다(10:16)

할례는 남성의 생식기의 포피를 베어내는 일로 이는 하나님께서 이스라엘의 하나님이 되시고, 이스라엘 백성들은 하나님의 택한 백성이 됨을 나타내는 육체의 표징입니다. 그런데 모세는 보이는 육체의 표징이 아닌 마음에 할례를 행하는 것을 강조합니다. 이는 외적인 종교 행위가 언제나 내적으로 충만한 관계로 이어지는 것은 아니기 때문입니다. 다시 말해서 겉으로 드러나는 행위 이상으로 마음으로부터 우러나오는 하나님과의 올바른 관계가 중요하다고 말하는 것입니다.

하나님과 어떤 관계를 맺고 있느냐가 중요합니다. 기도가 응답이 안 된다고 느껴진다든지, 하나님의 말씀이 멀게만 느껴진다든지 할 때 우리는 하나님과의 관계를 돌아보아야 합니다. 그리고 이 하나님과의 관계는 마음 깊은 곳에서부터 하나님을 의지하고자 할 때야만 개선됩니다.

둘째, 하나님의 시선과 마음이 어디를 향하고 있는지를 잘 살펴야 합니다

하나님의 마음은 어디를 향하고 계실까요? 모세는 이렇게 강조합니다.

"너희는 나그네를 사랑하라 전에 너희도 애굽 땅에서 나그네 되었음이라"(19절)

하나님께서는 언제나 과부와 고아, 가난한 자, 그리고 나그네와 같은 사회적 약자에 관심을 가지고 계십니다(신 15:11). 그렇기에 모세는 하나님의 백성 된 이스라엘 백성들이 마땅히 하나님께서 관심을 둔 사람들을 배려하는 삶을 살아야 한다고 강조하는데 그 이유가 놀랍습니다. 바로 하나님께서 약속하신 가나안 땅에 들어가려는 이스라엘 백성들도 전에는 애굽 땅에서 제대로 된 집 한 칸, 땅 한 평을 갖지 못해 설움을 당하며 나그네와 같은 삶을 살았기 때문이라는 것입니다.

가나안 땅에 들어가려는 지금, 지난 시간들을 돌이켜보면 하나님의 은혜 아닌 것이 없음을 알게 됩니다. 출애굽을 해서 광야생활 40여 년을 지나 가나안에 이르기까지 지키시고 인도하신 분이 하나님이십니다. 그렇기에 하나님의 은혜를 기억함으로 하나님의 시선과 마음이 머무는 자들을 섬기고 그들에게 사랑을 베푸는 것은 너무나도 당연한 것이며 이는 하나님께서 기뻐하시는 일이 됩니다.

모세가 강조하고 있는 두 가지 명령, 즉 마음에 할례를 받고 또 나그네를 사랑하라는 말씀은 우리가 너무나도 익히 알고 있는 말씀을 기억나게 합니다.

"예수께서 이르시되 네 마음을 다하고 목숨을 다하고 뜻을 다하여 주 너의 하나님을 사랑하라 하셨으니 이것이 크고 첫째 되는 계명이요 둘째도 그와 같으니 네 이웃을 네 자신같이 사랑하라 하셨으니 이 두 계명이 온 율법과 선지자의 강령이니라"(마 22:37~40)

하나님의 자녀 된 성도는 하나님의 명령과 규례를 지키는 가운데 하나님과의 올바른 관계를 맺음으로 행복을 경험하게 됩니다. 하루하루가 하나님의 은혜로 복된 삶이 되시기를 바랍니다.

함께 나누기

1. 소유물을 늘려가는 것이 아닌 하나님과의 올바른 관계가 행복이라는 말을 어떻게 생각하시는지요?

   _____
   _____
   _____

2. 요즘 행복하다고 느꼈던 때는 언제, 무엇 때문이었습니까?

   _____
   _____
   _____

3. 성도님의 생각에 지금 하나님의 시선과 마음이 머무는 곳은 어디라고 생각하십니까? 그것을 알았을 때 무엇을 해야겠다고 느끼십니까?

   _____
   _____
   _____

한 주간의 기도 제목

나 _____
가정 _____
교회 _____

제22과
하나님을 아는 지식 : 믿음
성경: 막 4:35-41절 / 찬송: 544장

"예수께서 깨어 바람을 꾸짖으시며 바다더러 이르시되 잠잠하라 고요하라 하시니 바람이 그치고 아주 잔잔하여지더라"(39절)

믿음에 관하여 논할 때 가장 중요한 것은 '누구를 믿느냐?'라는 질문에 명확한 답을 찾는 것입니다. 믿음의 대상을 정확히 인식하는 것이 중요합니다. 자신이 믿는 분이 누구인지를 정확히 안다면, 그분께서 하신 말씀도 또 그분께서 보여주신 행실도 믿고 따를 수가 있고 그분의 모든 것을 사랑하게 될 것입니다. 그렇기에 하나님을 깊이 알아갈수록 믿음이 자라게 됩니다.

예수님께서 재촉하셔서 배를 타고 호수 건너편으로 가게 되었습니다. 가자고 말씀하신 분이 예수님이셨습니다. 그런데 예수님의 말씀을 따라 가는 여정에 예기치 않았던 광풍을 만나게 되었습니다. 그리고 광풍이 얼마나 심했던지 제자들은 죽을지 모른다는 두려움에 사로잡혔습니다. 아마도 어부 출신의 제자들을 중심으로 살아남기 위한 모든 노력을 했을 것입니다.

그런데 성경은 흥미로운 이야기를 전해주고 있습니다. 광풍으로 인하여 물결이 배에 부딪쳐 들어오는 위급한 순간에 예수님께서는 살기 위해 발버둥치는 제자들과는 달리 그저 평온히 고물에서 주무시고 계셨던 것입니다.

예수님과 제자들의 차이는 무엇입니까? 왜 이런 일이 벌어진 것일까요? 예수님께서는 이것이 믿음 때문이라고 말씀하셨습니다.

"이에 제자들에게 이르시되 어찌하여 이렇게 무서워하느냐 너희가 어찌 믿음이 없느냐 하시니"(40절)

무엇에 대한 믿음을 말함입니까? 바로 예수님을 향한 믿음을 말함입니다. 제자들은 자신들과 함께하시는 예수님께서 어떤 분이시며 어떤 일까지 하실 능력이 있으신 분인지를 깊이 알지 못했습니다. 깊이 알지 못했기에 온전히 믿지 못했고 믿지 못했기에 예수님과 함께 있으면서도 두려움에 사로잡혀 있었습니다. 예수님께서 바람도 바다도 잠잠케 하실 수 있는 분임을 깨닫지를 못하고 있는 것입니다.

왜 이런 일이 생기는 것일까요? 이는 예수님을 따른다고 하면서도 예수님을 경험함으로 깊이 알아가려 하지를 않기 때문입니다. 예수님을 따르는 일에 있어서 겸손히 순종함으로 자신의 모든 것을 내어맡기기 보다는 자신의 뜻과 의지를 앞세워 보고 싶은 것만 보려 하고 듣고 싶은 것만 들으려 하기 때문입니다.

이 땅에 이상한 일이 많습니다. 지금은 너무 흔한 것이 성경책이고 TV나 스마트폰을 통하여 언제 어디서든 하나님의 말씀을 들을 수 있는 시대입니다. 그런데도 교회마다 예수 믿는 성도의 수가 나날이 줄어들고 있다고 말들을 합니다. 복잡하고 분주한 시대를 산다는 이유로 하나님을 깊이 알아가는 일을 소홀히 할 때 믿음은 자라지 않습니다.

그렇기에 우리에게 진정한 믿음이 필요합니다. 삶이 복잡하고 분주하기에 오히려 정신 차리고 올바르게 살아가려면 흔들리지 않는 믿음으로 마음을 가득 채워야 합니다. 어떤 순간에도 자신의 생각과 뜻을 내려놓고 주님만을 따를 수 있는 견고한 믿음, 눈앞에 닥친 고난을 이겨낼 만한 강력한 믿음, 순간의 욕심이 자신의 영적인 눈을 가리지 못하게 할 확고한 믿음이 필요합니다.

성경은 예수님께서 바람과 바다를 잠잠케 하신 이후의 제자들의 반응을 이렇게 말하고 있습니다.

"그들이 심히 두려워하여 서로 말하되 그가 누구이기에 바람과 바다도 순종하는가 하였더라"(41절)

제자들은 점차 경험적으로 예수님을 알아가고 있습니다. 광풍과 바다의 파도를 잠잠케 하시는 예수님이야말로 진정한 하나님의 아들이심을 알아가기 시작한 것입니다. 제자들이 조금은 성장한 것입니다. 예수님을 깊이 경험할수록 믿음이 자랍니다.

예배의 자리가 되었든, 기도의 자리가 되었든, 하나님의 말씀을 배우는 성경공부의 자리가 되었든 하나님을 알아 갈 만한 자리를 놓치지 마시기 바랍니다. 날마다 믿음이 더해져가는 신앙생활이기를 바랍니다.

함께 나누기

1. 오늘 본문 중에서 가장 인상적인 말씀은 무엇이며 왜 그렇게 생각하는지를 나누어 봅시다.

   _____
   _____
   _____

2. 하나님께서는 언제나 우리와 함께 계시겠다고 약속하셨습니다 (마 1:23). 그 하나님을 삶 가운데 경험하고 계신지요? 그렇지 못하다면 그 이유는 무엇입니까?

   _____
   _____
   _____

3. 하나님을 더욱 깊이 알아가기 위해서 무엇을 어떻게 힘쓰고 있는지를 나누어 봅시다.

   _____
   _____

한 주간의 기도 제목

나 _____
가정 _____
교회 _____

6월

◆

제23과 　증인의 삶
제24과 　기도와 사명
제25과 　예수님의 마음
제26과 　내 양은 내 음성을 들으며

제23과
증인의 삶
성경: 행 1:6-14절 / 찬송: 495장

"오직 성령이 너희에게 임하시면 너희가 권능을 받고 예루살렘과 온 유대와 사마리아와 땅 끝까지 이르러 내 증인이 되리라 하시니라"(8절)

부활하신 예수님께서 제자들을 다시 만나 새로운 사명을 주시며 이렇게 말씀하셨습니다.

"오직 성령이 너희에게 임하시면 너희가 권능을 받고 예루살렘과 온 유대와 사마리아와 땅 끝까지 이르러 내 증인이 되리라(1:8)"

증인(證人)은 보고 듣고 경험한 일을 사실에 입각하여 증언해야 할 사명이 있는 사람입니다. 부활하신 예수님께서는 제자들이 바로 이 '증인의 삶'을 살기를 원하셨습니다.

무엇의 증인입니까? 바로 부활의 증인이며 하나님 나라의 증인입니다. 제자들이 예수님과 함께하는 동안 예수님의 가르치심과 행하심을 통해 분명히 경험한 것은 바로 예수님께서 그리스도이며 살아계신 하나님의 아들이시라는 것입니다. 또한 예수님께서는 부활하신 후 40일 동안 이 땅에 계시면서 제자들에게 '하나님 나라의 일'을 말씀하시며 가르치셨습니다.

"그가 고난 받으신 후에 또한 그들에게 확실한 많은 증거로 친히 살아계심을 나타내사 사십 일 동안 그들에게 보이시며 하나님 나라의 일을 말씀하시니라"(1:3)

제자들은 자신들이 보고 듣고 경험한 것을 통해 '증인의 삶'을 살기 위한 분명한 조건을 갖추게 된 것입니다.

그러나 제자들이 증인의 삶을 살려고 할 때 분명 염려스러운 점도 있습니다. 그것은 사람이기에 시간이 지남에 따라 흐릿해지는 기억력 때문일 수도 있고, 때로는 양심적이지 못해서, 혹은 유혹으로 인하여 보고 듣고 경험한 그대로를 전해야 하는 증인의 역할을 올바르게 감당하지 못할 수도 있지 않겠느냐는 점입니다.

예수님께서도 이 사실을 인지하고 계셨음이 분명합니다. 제자들이 온전한 증인의 삶을 살기 위해서는 이전과는 확연하게 달라져야 했습니다. 그리고 그것을 가능케 하시는 분이 바로 예수님께서 말씀하신 성령입니다.

예수님께서는 성령께서 하시는 일과 관련하여 이런 말씀을 하셨습니다.

"보혜사 곧 아버지께서 내 이름으로 보내실 성령 그가 너희에게 모든 것을 가르치고 내가 너희에게 말한 모든 것을 생각나게 하리라"(요 14:26)

예수님의 말씀이 어느 때나 생각나게 되니 증인의 삶을 살기 위해 이보다 더 좋은 일이 없습니다. 또한 예수님께서는 증인의 삶을 살라고 명하시며 성령이 임하시면 제자들이 권능을 받게 될 것임을 말씀하셨습니다(1:8). 제자들은 성령의 권능을 힘입음으로 올바른 증인의 삶을 살 수 있는 권세와 능력을 얻게 됩니다. 이와 같이 예수님께서는 제자들이 온전히 증인의 삶을 살 수 있도록 세심히 준비하고 계셨습니다.

또한 예수님께서는 제자들에게 예루살렘에서부터 증인의 삶을 시작하라고 말씀하셨습니다. 예루살렘이 어디입니까? 바로 지금 제자들이 서 있는 곳입니다. 증인으로 사는 것은 먼 곳에서나 혹은 스스로 많은 준비를 한 연후에 무언가 특별한 방법으로 하는 것이 아닙니다. 그저 지금 자신이 서 있는 곳에서부터 하나님을 의지하는 마음으로 자신의 모습 그대로를 드리면 됩니다.

이전과 달라진 것이 있다면 전에는 스스로의 힘으로 자신을 위해 사는 것이었다면 이제는 성령의 권능을 힘입어 하나님 나라를 위한 삶을 사는 증인으로 변하였다는 것입니다.

우리의 삶이 성령께서 함께하심으로 주님께서 기뻐하시는 변화된 모습의 삶이길 소망합니다.

함께 나누기

1. 오늘 본문 중에서 가장 인상적인 말씀은 무엇이며 왜 그렇게 생각하는지를 나누어 봅시다.

   _____
   _____
   _____
   _____

2. 어떻게 증인의 삶을 실천하고 있는지 나누어 봅시다.

   _____
   _____
   _____
   _____

3. 성령의 권능을 힘입어 증인의 삶을 살도록 함께 기도합니다.

   _____
   _____
   _____
   _____

한 주간의 기도 제목

나 _____
가정 _____
교회 _____

제24과
기도와 사명
성경: 행 1:12-26절 / 찬송: 365장

"여자들과 예수의 어머니 마리아와 예수의 아우들과 더불어 마음을 같이하여 오로지 기도에 힘쓰더라 "(14절)

성도에게 사명이란 하나님께서 지금 내가 선 이 자리에서 무엇을 하고 계시며 나는 그 일에 어떻게 동참하시기를 원하시는지를 발견하는 일입니다. 그렇기에 성도는 하나님께서 자신의 삶을 통해 무엇을 원하시는지 항상 그 뜻을 묻고 올바른 걸음으로 그 길을 걷기 위해 애써야 합니다.

오늘 본문에서 사도들이 무엇을 하고 있는지를 보십시오. 한때 사도들의 꿈은 유능한 지도자인 예수님께서 통치하실 때, 좌우에 앉아서 한 자리씩 차지하는 것이었습니다. 예수님께서 원하시는 길이 무엇인지를 고민하기보다는 자신들의 출세와 권세를 갖고자 하는 꿈을 예수님 곁에서 꾸었습니다.

그런데 그들의 꿈이 언제 산산조각 납니까? 바로 예수님께서 하나님의 뜻대로 십자가에 달려 돌아가시자 예수님의 능력을 등에 업고 출세하려던 그들의 꿈이 산산조각 나고 뿔뿔이 흩어졌습니다. 그런데 흩어졌던 제자들이 다시 모이고, 또 세움을 입게 되는 계기가 무엇입니까? 바로 예수님의 부활 이후 예수님으로부터 자신의 헛된 욕심을 채우려는 것이 아닌, 하나님의 뜻대로 살아야 하는 사명을 부여 받았을 때였습니다.

성경은 이후 땅 끝까지 이르러 증인되라는 사명을 받은 제자들이 마가의 다락방에 모여서 기도하였다고 증거하였습니다.

"여자들과 예수의 어머니 마리아와 예수의 아우들과 더불어 마음을 같이하여 오로지 기도에 힘쓰더라"(14절)

다락방에 모인 사람들의 기도는 평범한 기도가 아닙니다. 한두 사람이 자신의 의지로 기도한 것이 아닌 함께 마음을 합하여 기도하기를 작정하고 모든 일에 앞서 기도에 집중했다는 것인데, 제자들은 왜 이렇게 오로지 기도에 힘쓴 것일까요? 몇 가지 이유가 있습니다.

첫째, 제자들이 주님의 약속을 철저히 붙들기 원했기 때문입니다

예수님께서 승천하시기 전 제자들에게 예루살렘을 떠나지 말고 아버지께서 약속하신 것을 기다리라는 말씀을 들었는데 그 말씀을 기억하며 붙들고 있습니다. 우리는 이것을 통해 제자들이 막연히 기도하지 않았다는 것을 알 수가 있습니다. 제자들은 자신들에게 주어진 사명을 이루어가기 위해서 반드시 예수님께서 약속하신 성령을 부어주실 것이라는 확신을 가지고 기도하였습니다.

둘째, 제자들이 이루어가야 할 사명은 자신의 힘과 의지가 아닌, 성령의 도우심으로만 가능하기 때문입니다

사실 성도의 모든 삶의 문제가 자신의 힘이 아닌 성령의 도우심을 입어야 합니다. 그렇기에 기도를 잘 하는 사람은 기도를 오래도록 많이 하는 사람이 아니라 기도를 통해서 자신의 의지를 내려놓고 성령의 역사하심에 자신을 내어맡기는 사람입니다.

셋째, 기도는 사명을 이루어가기 위해 나아갈 바와 해야 할 일을 명확히 알게 하기 때문입니다

제자들이 오로지 기도에 힘쓴 후 처음 정하고 행한 일이 무엇입니까? 바로 가룟 유다의 죽음으로 공석이 되어있는 사도직에 사람을 세우는 일이었습니다. 이 일이 중요한 이유는 예수님께서 이 땅에 계시는 동안 하신 말씀이 있기 때문입니다.

"너희는 나의 모든 시험 중에 항상 나와 함께한 자들인즉 내 아버지께서 나라를 내게 맡기신 것같이 나도 너희에게 맡겨 너희로 내 나라에 있어 내 상에서 먹고 마시며 또는 보좌에 앉아 이스라엘 열두 지파를 다스리게 하려 하노라"(눅 22:28~30)

영적으로 이스라엘 열두 지파를 다스릴 열두 사도를 언급하신 것이기에 사도가 열두 명이 되어야 하는 것이 중요합니다. 열두 사도는 이스라엘 열두 지파를 향해 예수 그리스도의 부활을 증거하도록 선택받은 사람들입니다.

그러므로 베드로를 비롯한 사도들이 기도 중에 공석이 된 사도의 자리를 채운 것은 예수님께서 주신 사명을 이루어가기 위한 소중한 첫 걸음을 내딛은 것이 됩니다. 이렇듯 기도는 자신의 깨닫게 하며 사명을 이루기까지 나아갈 바를 찾게 하는 은혜가 있습니다.

소망하기는 삶 가운데 늘 깊이 기도하는 중 하나님께서 원하시는 사명을 발견하고 그 일에 힘쓸 수 있기를 바랍니다.

함께 나누기

1. 오늘 본문 중에서 가장 인상적인 말씀은 무엇이며 왜 그렇게 생각하는지를 나누어 봅시다.

   _____
   _____
   _____
   _____

2. 삶을 통해 이루어가야 할 사명을 발견했다면 나누어 봅시다.

   _____
   _____
   _____
   _____

3. 어떻게 기도의 삶을 실천하고 있는지를 나누어 봅시다.

   _____
   _____
   _____
   _____

한 주간의 기도 제목

나 _____
가정 _____
교회 _____

제25과
예수님의 마음
성경: 마 11:16-19절 / 찬송: 455장

"이르되 우리가 너희를 향하여 피리를 불어도 너희가 춤추지 않고 우리가 슬피 울어도 너희가 가슴을 치지 아니하였다 함과 같도다"(17절)

회당에서 가르치시며 천국 복음을 전파하시며 모든 병과 모든 약한 것을 고치시며 메시아로서의 사역을 이어가시던 예수님께서 이렇게 말씀하셨습니다.

"이 세대를 무엇으로 비유할까 비유하건대 아이들이 장터에 앉아 제 동무를 불러 이르되 우리가 너희를 향하여 피리를 불어도 너희가 춤추지 않고 우리가 슬피 울어도 너희가 가슴을 치지 아니하였다 함과 같도다"(11:16~17)

이는 예수님의 사역을 보고 들은 사람들에 대한 반응을 말씀하시는 것입니다. '피리' 와 '춤'은 당시 결혼식과 같은 잔치 자리에서 기쁨을 표현하는 방식입니다. 이는 기쁨의 소식인 복음을 전파하는 예수님의 사역과 관련하여 이를 보고 들은 사람들이 마땅히 보여야 할 반응을 의미합니다.

'슬피 울고' '가슴을 치는' 것은 장례식과 같은 자리에서 슬픔에 공감(共感)하며 보이는 행위입니다. 이는 회개의 메시지를 선포한 세례 요한의 사역과 관련하여 이를 보고 들은 사람들이 마땅히 보여야 할 반응을 의미합니다.

그런데 어찌 된 일인지 예수님과 세례 요한의 사역을 보고 들은 사람들의 주된 반응은 기쁨의 피리 소리에도 그리고 슬픔의 애곡(哀哭)에도 아무런 반응이 없는 무감각(無感覺)이었습니다. 아니 오히려 철저히 무시하고 멸시하며 배척했습니다. 이는 값없이 주어지는 은혜에 대한 기쁨도 자신의 죄에 대한 안타까움과 슬픔의 눈물도 없는 것입니다.

삶의 무게를 이기지 못해 아파하며 점차 메말라가는 영혼 그리고 삶 가운데 지치고 소망을 찾지 못해 점차 초점을 잃어가는 눈빛을 보는 것처럼 가슴 아픈 일이 또 있을까요? 예수님 당시에도 그리고 지금 우리가 사는 이 시대에도 그런 사람들이 너무나도 많습니다. 자신의 영혼이 죽어가고 있음에도 깨닫지를 못합니다. 구원 받을 길이 열려 있음에도 자신의 길에서 돌이켜 올바른 길로 걸어갈 마음을 품지 못합니다. 예수님께서 먼저 손을 내밀어 주셨건만 그 손을 마주 잡을 생각을 못합니다. 안타까울 따름입니다.

예수님께서는 온갖 무시와 멸시, 그리고 배척을 받으면서도 여전히 삶 가운데 고생하며 기진한 영혼을 불쌍히 여기시며 그들을 구원의 길로 인도하시고자 모든 도시와 마을을 두루 다니셨습니다. 그리곤 이렇게 말씀하셨습니다.

"수고하고 무거운 짐 진 자들아 다 내게로 오라 내가 너희를 쉬게 하리라 나는 마음이 온유하고 겸손하니 나의 멍에를 메고 내게 배우라 그리하면 너희 마음이 쉼을 얻으리니 이는 내 멍에는 쉽고 내 짐은 가벼움이라 하시니라"(11:28~29)

예수님의 마음이 느껴지시는지요? 예수님께서는 끝까지 포기하지 않으셨습니다. 복음의 말씀을 듣고 하나님께로 나아올 그 한 사람을 위하여 온 마을의 구석구석을 두루 다니셨습니다.

예수님의 사랑에 감사할 따름입니다. 오늘도 그 사랑으로 인하여 살아갈 소망을 얻습니다. 우리가 깨닫고 누리는 이 소망이 지치고 상한 마음으로 힘겹게 살아가는 우리 주변의 그 누군가에게도 전해지기를 기도합니다.

함께 나누기

1. 오늘 본문 중에서 가장 인상적인 말씀은 무엇이며 왜 그렇게 생각하는지를 나누어 봅시다.
   _____
   _____
   _____

2. 영적으로 무감각한 사람들 혹은 전도 대상자를 어떻게 예수께로 인도할 수 있을지를 함께 나누고 기도합시다.
   _____
   _____
   _____
   _____

3. 자신의 영적 상태를 솔직히 고백하고 함께 기도합시다.
   _____
   _____
   _____

한 주간의 기도 제목

나 _____
가정 _____
교회 _____

제26과
내 양은 내 음성을 들으며
성경: 요 10:22-29절 / 찬송: 453장

"내 양은 내 음성을 들으며 나는 그들을 알며 그들은 나를 따르느니라"(27절)

수전절은 수리아의 안티오쿠스 에피파네스 왕이 이방 우상으로 예루살렘 성전을 더럽히자 B.C. 164년경 유다 마카비를 중심으로한 유대인들이 반란을 일으켜 수리아 군대를 물리치고 성전을 청결하게 한 것을 기념하는 절기입니다. 유대 종교력 9월(기슬르 월, 양력 11~12월) 25일부터 8일간 지켰습니다. 이 절기에 예수님께서 성전 안 솔로몬 행각으로 다니실 때 예수님을 만난 유대인들이 이렇게 물었습니다.

"당신이 언제까지나 우리 마음을 의혹하게 하려 하나이까 그리스도이면 밝히 말씀하소서"(10:24)

이는 예수님이 진정 오시리라고 예언된 그리스도인지를 묻는 것인데 이들의 질문에는 의아한 구석이 있습니다. 왜냐하면 그동안 예수님께서 끊임없이 말씀과 행하시는 사역으로 당신께서 누구인지를 선언하고 계셨기 때문입니다.

요한복음에는 7번에 걸쳐 예수님께서 자신이 누구인지를 밝히시는 선언을 하시는데 그 내용이 다음과 같습니다.

"나는 생명의 떡이다"(6:35)
"나는 세상의 빛이다"(8:12)

"나는 양의 문이다"(10:7,9)
"나는 선한 목자다"(10:11,14)
"나는 부활이요 생명이다"(11:25)
"나는 길이요 진리요 생명이다"(14:6)
"나는 참 포도나무이다"(15:1,5)

예수님께서는 이와 같은 자기 선언을 통해 당신께서 그리스도임을 분명히 밝히셨고 또한 그리스도만이 하실 수 있는 기적들을 보여주셨습니다.

그럼에도 이들은 그리스도이면 밝히 말씀해달라고 묻고 있습니다. 결국 이들의 저의(底意)를 의심할 수밖에 없습니다. 이들이 진정 예수님으로부터 듣기를 원하는 대답은 무엇입니까? '내가 그리스도다'라고 말씀하시면 안 믿을 것이기에 '아니다'라는 대답을 원하며 지금 질문을 하고 있는 것입니다.

유대인들은 왜 이렇게 예수님의 그리스도 되심을 믿지 못하는 것일까요? 그 이유에 대하여 예수님께서 명확히 말씀해 주고 계십니다.

"너희가 내 양이 아니므로 믿지 아니하는도다"(10:26)

그들은 처음부터 예수님께 속하지 아니하였기에 믿지 못하는 것입니다. 예수님께서는 일찍이 이런 말씀을 하신 적이 있습니다.

"악을 행하는 자마다 빛을 미워하여 빛으로 오지 아니하나니 이는 그 행위가 드러날까 함이요"(3:20)

이 말씀을 통하여 예수님의 말씀을 듣고 보면서도 예수님께서 진정 누구인지를 깨닫지 못하는 유대인들이 영적으로 어떤 상태에 있는지를 알 수가 있습니다. 악을 행하는 자는 예수님께 속한 양도 아니고 빛 되신 예수님께로 나오지를 않습니다.

반대로 예수님께서는 당신께 속해있는 자들에 대하여는 이렇게 말씀하셨습니다.

"내 양은 내 음성을 들으며 나는 그들을 알며 그들은 나를 따르느니라"(10:27)

만일 우리가 진정 예수님께 속해있기를 원한다면 우리의 귀는 늘 선한 목자 되신 예수님께 향해 있어야 합니다. 그리고 그분의 말씀을 한 마디라도 놓칠세라 귀를 기울여 그 음성을 들어야 합니다. 이러한 과정을 통하여, 예수님께서 당신에게 속한 우리를 세세히 알 듯, 우리 또한 우리를 선한 길로 인도하시는 예수님을 알아가야 합니다. 그래야 예수님께서 걸어가신 그 걸음을 따라 걸을 수 있습니다.

날마다 우리의 삶이 예수님께 속한 성도(聖徒)로서의 삶이기를 원합니다.

함께 나누기

1. 오늘 본문 중에서 가장 인상적인 말씀은 무엇이며 왜 그렇게 생각하는지를 나누어 봅시다.

2. 예수님께서는 자신의 양을 속속들이 아신다고 하셨습니다. 성도님은 예수님을 얼마나 알고 또 경험하고 계십니까?

3. 예수님을 따라 사는 일에 어려움을 느낀다면 무엇 때문인지를 나누어 보고 함께 기도하시기 바랍니다.

한 주간의 기도 제목

나 _____
가정 _____
교회 _____

7월

◆

제27과 불평이 아닌 감사로
제28과 의견의 불일치를 넘어
제29과 회개에 합당한 열매를 맺으라
제30과 너희는 나를 누구라 하느냐

제27과
불평이 아닌 감사로
성경: 출 14:10-14절 / 찬송: 588장

"모세가 백성에게 이르되 너희는 두려워하지 말고 가만히 서서 여호와께서 오늘 너희를 위하여 행하시는 구원을 보라 너희가 오늘 본 애굽 사람을 영원히 다시 보지 아니하리라"(13절)

우리가 가진 기쁨, 행복, 그리고 그에 따른 감사는 때로는 꼭 유리 바닥과 같아 보입니다. 그만큼 깨지기 쉽습니다. 그에 반해 불평과 불만은 그 뿌리가 깊게 박히기에 한번 박히면 강하게 작용하기에 끊기가 쉽지 않습니다. 불평과 불만은 반드시 고쳐야 하는 악한 습관입니다. 깨지기 쉬울지라도 우리는 늘 감사를 추구해야 하고, 이 감사가 굳건해지도록 만들어가야 합니다. 어떻게 그렇게 할 수 있을까요?

오늘 본문은 요셉 이후 400여 년을 애굽에서 노예로 살던 이스라엘 백성들이 출애굽을 시작한 장면입니다. 수백 년의 이국 생활을 정리하고 자신의 나라, 자신의 땅을 가질 수 있다는 희망을 품고 나아가는 기쁨은 이루 말할 수 없었을 것입니다. 너무나도 감격스러웠을 것이며 감사가 넘쳤을 것입니다.

그런데 오늘 본문을 자세히 읽어보면 출애굽을 시작한 이스라엘 백성들의 기쁨과 감사는 정말 유리 바닥을 걸어가는 것과 같았음을 알 수 있습니다. 그들의 감사와 기쁨은 오래가지 않았습니다.

앞에는 홍해가 가로막고, 뒤에는 애굽의 왕 바로가 군사들을 모아 쫓아오는 광경을 보자 감사는 사라지고 두려워하는 마음에 지도자 모세에게 불평을 늘어놓기 시작합니다. 심지어 지금까지 인도하신 하나님의 은혜를 부정하고 오히려 애굽 사람들을 섬기는 것이 낫다는 말을 하고 있습니다.

당면한 문제가 클수록 불평할 것이 아니라 자신의 위치에서 이 문제를 타개하기 위해 해야 할 일을 찾아나서는 지혜가 필요합니다. 불평과 불만으로 이룰 수 있는 일은 죄의 일뿐입니다. 내게도 이롭지 않을뿐더러 하나님 보시기에도 좋을 리 없습니다.

그렇기에 우리는 모두가 불평하는 상황에서 불평하지 않는 한 사람 모세를 주목할 필요가 있습니다. 모세는 어떻게 모두가 불평하는 상황에서 불평하지 않을 수 있었을까요?

첫째, 지난 시간의 약속을 기억하기 때문입니다

"내가 바로의 마음을 완악하게 한즉 바로가 그들의 뒤를 따르리니 내가 그와 그의 온 군대로 말미암아 영광을 얻어 애굽 사람들이 나를 여호와인 줄 알게 하리라"(14:4)

하나님께서는 이미 일이 어떻게 진행될 지를 말씀하셨고 모세는 그 약속을 믿었고 기억했습니다. 지난 시간 하나님께서 베풀어주신 은혜와 약속을 잊지 않고 기억한다면 지금은 불평이 아니라 감사를 심을 때임을 알게 됩니다.

둘째, 지난 시간에 역사하셨던 하나님께서 이후로도 함께 할 것이라는 기대감 때문입니다

모세가 백성들의 불평과 원망을 뒤로하고 이렇게 믿음으로 선포합니다.

"모세가 백성에게 이르되 너희는 두려워하지 말고 가만히 서서 여호와께서 오늘 너희를 위하여 행하시는 구원을 보라 너희가 오늘 본 애굽 사람을 영원히 다시 보지 아니하리라 여호와께서 너희를 위하여 싸우시리니 너희는 가만히 있을지니라"(13~14절)

하나님의 일은 하나님께서 이루어가실 것이라는 믿음으로 기대감을 품어야 합니다. 이러한 믿음의 기대감이 있었기에 모세는 자신을 향해 득달같이 달려드는 그 불평의 입들을 향해 "너희는 가만히 서서 하나님께서 오늘 너희를 위하여 행하시는 구원을 보라"고 자신 있게 외쳤고 그때 기적이 일어났습니다. 불평의 입은 닫혔고, 애굽의 군사들은 흔적도 없이 사라졌으며, 앞을 가로막았던 홍해는 양쪽으로 갈라져 믿음의 사람에게 길을 내주었습니다. 오직 감사만이 남았습니다.

이것이 우리가 따라야 할 신앙의 모범입니다. 예나 지금이나 불평하는 사람들은 끊임없이 불평합니다. 그러나 믿음의 사람은 믿음으로 선언을 하고 감사할 수 있어야 합니다.

어느덧 2025년을 믿음으로 시작한지도 6개월이 지나 맥추감사주일을 앞두고 있습니다. 지난 6개월을 돌이켜본다면 저마다 사정이 조금씩 다를 것입니다. 그러나 지나온 6개월의 삶의 과정이 어떠하든 그것을 불평과 불만의 조건으로 삼지 마시기 바랍니다. 이때까지 인도해 주신 하나님께 집중하십시오. 그리고 감사하십시오. 그리고 믿음으로 2025년도의 하반기를 기대하십시오. 하나님께서 놀랍도록 역사하실 줄 믿습니다.

함께 나누기

1. 오늘 본문 중에서 가장 인상적인 말씀은 무엇이며 왜 그렇게 생각하는지를 나누어 봅시다.
   _____
   _____
   _____

2. 요즘 삶 가운데 감사가 많은지 아니면 불평이 많은지 돌아보시고 그 이유에 대하여 나누어 봅시다.
   _____
   _____
   _____

3. 최근에 하나님께 가장 감사했던 일은 무엇이었는지 나누어 봅시다.
   _____
   _____
   _____

한 주간의 기도 제목

나 _____
가정 _____
교회 _____

제28과
의견의 불일치를 넘어
성경: 행 15:36-41절 / 찬송: 293장

"바울은 실라를 택한 후에 형제들에게 주의 은혜에 부탁함을 받고 떠나 수리아와 길리기아로 다니며 교회들을 견고하게 하니라"(40~41절)

바울과 바나바가 제2차 선교여행을 준비합니다. 바울과 바나바가 성령에 의하여 안디옥 교회의 파송을 받아 제1차 선교여행을 시작했을 때, 그 목적은 이방지역을 다니며 믿지 않은 사람들에게 복음을 전하는 것이었습니다. 그와는 달리 제2차 선교여행의 주된 목적은 제1차 선교여행 때 복음을 전했던 곳으로 다시 가서 복음을 받아들였던 사람들이 그 신앙을 잘 지키며 교회를 이루어가고 있는지를 살펴보는 것입니다. 다시 말해서 이미 믿은 자들의 신앙적 양육이 목적입니다.

"며칠 후에 바울이 바나바더러 말하되 우리가 주의 말씀을 전한 각 성으로 다시 가서 형제들이 어떠한가 방문하자 하고"(36절)

그런데 선교여행을 준비하던 중 예기치 못한 일이 벌어졌습니다. 선교여행에 누구를 함께 데려가야 하는지에 대하여 바울과 바나바의 의견이 달랐습니다. 바나바는 자신의 생질(甥姪, 누이의 아들)인 마가 요한도 데려가길 원했으나 바울은 1차 선교여행 때 중도에서 돌아간 마가 요한을 다시 데려가는 것을 반대한 것입니다. 결국 이 일로 바울과 바나바가 갈라서게 되어 바나바는 마가 요한을 데리고 배 타고 구브로로 가고, 바울은 실라를 택하여 그와 함께 수리아와 길리기아로 떠나게 되었습니다.

사도행전 15장에서 바울과 바나바가 심히 다투고 피자 갈라서서 각자

선교여행을 떠나게 된 것을 보며 우리가 깊이 이해해야 할 것이 있습니다. 이 말씀을 통해 단지 '사역자들도 다투고 싸우기도 하는구나'라는 것만을 보면 안 됩니다. 더 깊은 것을 볼 수 있어야 합니다.

예루살렘에서 유대인들을 중심으로 퍼져가던 복음이 스데반 집사의 순교와 안디옥 교회가 세워진 일을 계기로 점차 보다 넓은 지역에 사는 이방인들에게까지 퍼져가게 되었습니다. 그리고 그에 맞물려 사도행전 16장부터는 초기 예루살렘 교회의 주역이었던 베드로, 요한, 그리고 야고보를 비롯한 사도들, 그리고 바울을 안디옥 교회로 인도했던 바나바도 더 이상 언급이 되지 않습니다. 바로 사도행전 1장 8절에 언급하고 있는 예수님의 "예루살렘과 온 유대와 사마리아와 땅 끝까지 이르러 내 증인이 되리라"라는 말씀에 순종하여 교회를 섬기며 모든 핍박에도 굴하지 않고 복음을 전하던 선교 1세대들이 물러가고 있는 것입니다.

그리고 바울과 실라가 다음 선교 세대의 주역들로 떠오르고 있습니다. 이들은 이방인 선교를 위하여 하나님께서 택한 그릇입니다. 물론 베드로를 비롯한 사도들, 그리고 바나바도 다른 곳에서 열심히 주를 섬긴 것이 분명합니다만 적어도 사도행전에서는 그 중심 관점이 이방사역을 위해 헌신하는 바울과 실라로 옮겨가는 세대교체가 일어나고 있는 것입니다.

이것을 보면서 하나님의 섭리가 참으로 놀랍다는 생각을 하게 됩니다. 하나님께서는 스데반 집사가 순교당하는 핍박 중에도 복음이 예루살렘을 넘어서 사마리아로, 또 사마리아를 넘어서 다른 이방으로 전해지게 하셨습니다. 그리고 이번에는 사역자들의 의견의 불일치를 넘어서 더욱 복음이 활발하게 이방에 전해지게 하시고 있는 것입니다.

이것을 통해서 우리가 분명히 알아야 할 것은 하나님의 일은 우리 개

개인의 능력이나 형편으로 하는 것이 아니라는 것입니다. 하나님께서는 우리 개개인의 능력이나 형편 너머에서 일하고 계십니다. 그리고 하나님의 큰 뜻과 계획을 이루기까지 우리가 생각지도 못한 방법을 통해서라도 결코 멈추시지도 않고 일을 해 나가십니다.

우리는 단지 하나님의 복된 자녀로서 젊든지 연로하든지, 가진 것이 많든지 그렇지 않든지를 떠나, 겸손히 그 분 손에 들려 쓰임 받을 수 있음을 온전히 감사할 수 있어야 합니다. 그러한 은혜로 충만하시기를 바랍니다.

함께 나누기

1. 오늘 본문 중에서 가장 인상적인 말씀은 무엇이며 왜 그렇게 생각하는지를 나누어 봅시다.

   _____
   _____
   _____

2. 하나님의 계획하심과 일하심이 내 생각보다 더 크고 놀랍다는 것을 경험한 일이 있다면 나누어 봅시다.

   _____
   _____
   _____

3. 하나님의 일을 하다가 함께 일하는 동료들과 의견의 불일치로 인하여 갈등을 경험적이 있다면 나누어 봅시다.

   _____
   _____
   _____

한 주간의 기도 제목

나 _____
가정 _____
교회 _____

제29과
회개에 합당한 열매를 맺으라
성경: 눅 3:1-14절 / 찬송: 267장

"그러므로 회개에 합당한 열매를 맺고 속으로 아브라함이 우리 조상이라 말하지 말라 내가 너희에게 이르노니 하나님이 능히 이 돌들로도 아브라함의 자손이 되게 하시리라"(8절)

구약의 말라기 선지자가 하나님의 말씀을 전한 이후 이스라엘 땅에는 대략 400여 년 동안 선지자가 등장하지 않았습니다. 그러는 동안 이스라엘을 둘러싼 세계 역사는 페르시아 제국과 헬라 제국을 거쳐 로마 제국 시대가 되었습니다. 시대는 바뀌었으나 이스라엘은 여전히 다른 나라의 지배를 받고 있었습니다. 그에 따라 이스라엘 백성들 사이에서 메시아를 고대하는 마음이 커져갔습니다.

그러한 때에 하나님께서는 세례 요한을 선지자로 보내 메시아의 오실 길을 예비토록 하였고, 정말 오랜만에 등장한 선지자를 찾아 많은 이들이 세례 요한이 있는 광야로 나아왔습니다. 이에 세례 요한은 예수 그리스도의 오실 길을 예비하며 요단 강에서 회개의 세례를 전파하며 이렇게 외쳤습니다.

"그러므로 회개에 합당한 열매를 맺고 속으로 아브라함이 우리 조상이라 말하지 말라"(3:8)

세례 요한의 이러한 외침은 회개와 구원에 관한 중요한 의미를 전해 주고 있습니다.

당시 유대인들은 단순히 자신들이 혈통적으로 아브라함의 후손이라는 이유와 율법에 따라 할례를 받았다는 이유로 자신들은 선택받은 백성들로 구원받을 수 있다는 착각에 빠져있었습니다. 그러나 세례 요한은 그들의 그런 잘못된 생각을 신랄하게 비판하며 진정한 아브라함의 후손은 혈통에 따른 것이 아닌 믿음으로 말미암는 것임을 강조하고 있습니다(갈 3:7).

세례 요한이 주장하는 바는 이렇습니다. 믿음은 혈통으로 전해지는 것이 아닙니다. 또한 말로써 증명할 수 있는 것은 더욱 아닙니다. 자신이 진정 아브라함의 후손이라고 주장하고 싶다면 아브라함처럼 삶을 살아야 합니다. 창세기를 보면 아브라함은 온 삶을 통하여 하나님을 신실하게 믿으며 믿음에 합당한 변화된 삶을 살았습니다(창 12~25장).

아브라함의 변화된 삶을 가장 잘 보여주는 사건이 자신의 하나뿐인 아들인 이삭을 하나님께서 원하시면 번제로 드리려 했던 사건입니다(창 22장). 히브리서 기자는 아브라함이 이삭을 드렸을 때의 믿음을 이렇게 설명합니다.

"아브라함은 시험을 받을 때에 믿음으로 이삭을 드렸으니 그는 약속들을 받은 자로되 그 외아들을 드렸느니라 그에게 이미 말씀하시기를 네 자손이라 칭할 자는 이삭으로 말미암으리라 하셨으니 그가 하나님이 능히 이삭을 죽은 자 가운데서 다시 살리실 줄로 생각한지라 비유컨대 그를 죽은 자 가운데서 도로 받은 것이니라"(히 11:17~19)

이삭은 아브라함의 하나뿐인 아들로서 하나님의 약속을 이어받을 아들이었습니다. 그렇기에 하나님께서 이삭으로 하여금 약속을 이어가게 하시겠다는 약속을 지키시려면 이삭이 죽은 후에라도 다시 살리실 줄 믿었다는 것이니 아브라함의 믿음이 대단하다 싶습니다. 아브라함은 하나님을 알아가면 알아갈수록 그에 합당한 믿음의 삶으로 변화되어 간 것입니다.

그렇기에 세례 요한은 아브라함의 자손이라고 주장하는 유대인들에게 '회개에 합당한 열매를 맺으라' 고 강조합니다. 회개란 단순한 입술의 고백이 아닙니다. 진정한 회개에는 믿음으로 말미암는 근본적인 인격적 변화가 나타나야 합니다. 그리고 그 후에는 그 내적 변화를 바탕으로 한 외적 변화로 드러나야 합니다. 다시 말해서 옛 죄 된 습관으로 돌아가지 않겠다는 과감한 의지의 결단과 더불어 그에 따른 실천이 수반(隨伴)되어야 한다는 말입니다.

삶으로 나타나 보이지 않는 입술만의 고백으로서의 회개와 믿음은 변화를 이룰 아무런 힘이 없고 오히려 듣는 이로 하여금 가증스럽게 여겨질 뿐입니다.

신앙생활의 기간이 길어질수록 그 깊이를 더해감과 더불어 입술의 고백만이 아닌 삶으로 변화된 믿음을 드러낼 수 있기를 바랍니다.

함께 나누기

1. 오늘 본문 중에서 가장 인상적인 말씀은 무엇이며 왜 그렇게 생각하는지를 나누어 봅시다.
   _____
   _____
   _____

2. 예수님을 구주로 믿은 후 달라진 점이 있다면 나누어 봅시다.
   _____
   _____
   _____

3. 믿음을 통한 삶의 변화가 중요한 이유는 무엇일지 생각해 봅시다.
   _____
   _____
   _____

한 주간의 기도 제목

나 _____
가정 _____
교회 _____

제30과
너희는 나를 누구라 하느냐
성경: 마 16:13-19절 / 찬송: 94장

"시몬 베드로가 대답하여 이르되 주는 그리스도시요 살아계신 하나님의 아들이시니이다"(16절)

예수님과 제자들이 당도한 '빌립보 가이사랴 지방'에 당도했을 때 예수님께서는 제자들에게 물으셨습니다.

"이르시되 너희는 나를 누구라 하느냐"(15절)

예수님께서 이 질문을 '빌립보 가이사랴'에서 하셨다는 것이 의미심장(意味深長)하게 다가옵니다. '빌립보 가이사랴'는 갈릴리 호수 북쪽 40km 지점이자 헤르몬 산 남쪽 완만한 경사지에 위치한 지역으로 B.C. 20년 경 로마 황제 옥타비아누스가 유대의 분봉왕(分封王)이었던 헤롯 대왕에게 하사(下賜)한 땅입니다.

이후 B.C. 2년 경 헤롯 대왕의 아들 헤롯 빌립이 이 지역을 다스리며 성읍을 새롭게 정비한 후 로마 황제 '디베료 가이사'를 기념하는 의미에서 '가이사랴'로 불렀는데 지중해 연안의 항구 도시 '가이사랴'와 구별하기 위해 자신의 이름 '빌립'을 추가해 '빌립보 가이사랴'로 부르게 되었습니다.

당시 이곳은 로마 황제의 이름이 붙여진 상황에서 알 수 있듯 헬라와 로마 문명의 영향을 많이 받았던 곳으로 대부분 이방인들이 거주했고 로마 황제를 위한 신전과 풍요를 약속해주는 신(神)인 판(Pan)을 위한 산

당 등 여러 우상을 위한 산당이 있었습니다.

'빌립보 가이사랴'라는 이름이 보여주는 의미는 당시 이스라엘이 로마 제국의 압제 아래 있었다는 것과 그로 인하여 이스라엘 백성들이 이방인들의 문화와 종교, 그리고 삶을 대하는 사고방식(思考方式)에서 영향이나 유혹을 받을 수밖에 없었다는 것을 의미합니다.

게다가 같은 유대인들이라고 하여 모두 올바르게 하나님의 뜻을 따르며 믿는다고 볼 수도 없었습니다. 이는 유대인들조차도 예수님이 누구신지를 옳게 알아보지 못했다는 것에서 알 수 있습니다(14절). 시대가 악하면 다양한 삶의 모습이 드러나기 마련입니다. 이는 예수님의 제자들이 현재 마주하고 있고 또 앞으로 살아갈 신앙의 삶이 호락호락하지 않을 것임을 의미합니다.

이러한 상황 속에서 예수님의 제자로서 이 땅을 올바르게 걷겠다고 한다면 가장 필요한 것이 무엇일까요? 그것은 자신이 의지하고 따르는 예수님이 누구인지를 바로 알고 확고히 붙잡는 믿음입니다. 예수님을 어떤 분으로 믿느냐에 따라서 모든 것이 달라질 수 있습니다.

당시 많은 무리가 예수님을 단순히 이상적인 유토피아(천국)를 꿈꾸는 몽상가(夢想家)로 여겼습니다. 어떤 이들은 예수님을 로마 제국의 압제로부터 이스라엘을 구원해 줄 혁명가(革命家) 또는 대중을 선동(煽動)하는 정치가 정도로 여기기도 했습니다. 조금 더 종교적인 사람들은 예수님을 단순히 선지자 중의 하나로 여겼습니다. 그러나 이들 모두는 예수님께서 자신들의 헛된 꿈과 야망을 이루어주기 위해 오신 분이 아니라는 것을 알았을 때 실망하고 심지어는 예수님을 핍박하고 십자가에 못 박아 죽였습니다.

그러나 예수님이 누구신지를 올바르게 이해하게 된다면 삶의 많은 부분이 달라집니다. 아무리 주변 상황이나 여건이 어렵고 힘들고 절망적이어도 하나님께서 죽으신 것이 아니라 살아계심으로 우리의 형편을 헤아리시며 우리를 구원하시기 위해 그리스도를 보내셔서 우리와 함께 하시고 계신다는 것이 믿어진다면 우리는 삶의 모든 순간을 견디고 이겨낼 수 있습니다.

그랬기에 베드로의 고백을 우리의 고백으로 삼는 것이 중요합니다.

"시몬 베드로가 대답하여 이르되 주는 그리스도시요 살아 계신 하나님의 아들이시니이다"(16절)

삶의 모든 순간 하나님께서 어떠한 사랑으로 우리를 사랑하고 계시는지를 잊지 않았으면 좋겠습니다. 우리의 삶을 위로하시고 격려하시는 주님이 함께하심을 믿음으로 고백하는 삶이기를 바랍니다.

함께 나누기

1. 오늘 본문 중에서 가장 인상적인 말씀은 무엇이며 왜 그렇게 생각하는지를 나누어 봅시다.

   _____
   _____
   _____

2. 지금도 사람들이 예수님을 옳게 알아보지 못하는 이유는 무엇 때문이라고 생각하십니까?

   _____
   _____
   _____

3. 개인적으로 만나고 경험한 하나님은 어떤 분이셨습니까? 자신의 신앙고백을 나누어 봅시다.

   _____
   _____
   _____

한 주간의 기도 제목

나 _____
가정 _____
교회 _____

8월

◆

제31과　나를 따르라
제32과　내 영혼이 주를 갈망합니다
제33과　영원을 사모하는 마음
제34과　하나님께서 일하십니다
제35과　네가 나를 사랑하느냐

제31과
나를 따르라
성경: 막 1:16-20절 / 찬송: 95장

"예수께서 이르시되 나를 따라오라 내가 너희로 사람을 낚는 어부가 되게 하리라 하시니"(17절)

예수님께서 복음을 전파하시며 갈릴리 해변으로 지나가시다가 시몬과 그의 형제 안드레가 바다에서 그물 던지는 것을 보시고 그들을 부르셨습니다.

"예수께서 이르시되 나를 따라오라 내가 너희로 사람을 낚는 어부가 되게 하리라 하시니"(17절)

다른 제자들을 부르실 때도 마찬가지였습니다.

"또 지나가시다가 알패오의 아들 레위가 세관에 앉아 있는 것을 보시고 그에게 이르시되 나를 따르라 하시니 일어나 따르니라"(2:14)

예수님께서 제자들을 부를 때 '나를 믿어라' 혹은 '내게 배우라'와 같이 다른 여러 말을 하실 수도 있었을 것입니다. 그런데 예수님께서 하신 말씀은 '나를 따르라'였습니다. 왜 이 말씀으로 제자들을 부르신 것인지 생각해 보신 적이 있으신지요?

군대에서 훈련을 받는 중 야간행군을 통해 먼 거리를 이동할 때가 있습니다. 야간에 잘 보이지 않는 험한 산길이나 굴곡진 길을 행군할 때의 요령은 앞사람이 간 그 길을 따라 걸어야 한다는 것입니다. 그래야 다치지 않고 올바로 걸을 수 있습니다.

　삶을 통해 예수님을 따르려면 우선 예수님을 주의 깊게 바라보아야 합니다. 예수님께서 어디로 어떤 걸음을 걸으시는지 한눈 팔지 않고 정확하게 보아야 올바른 걸음으로 따라 걸을 수 있습니다. 험난한 인생길에서 예수님께서 헤치고 걸어 간 그 발자국을 똑바로 보고 따라 디뎌야 올바로 걸을 수 있습니다.

　올바로 바라본 이후에야 우리는 제대로 배울 수 있고 궁극적으로 예수님께서 보여주신 삶대로 따라 살 수 있습니다. 다시 말해서 예수님께서 하시는 일에 동참할 수 있습니다. 그렇기에 예수님께서 '나를 따르라'고 말씀하셨을 때 이는 예수님 한 분만을 바라보고 배우며 예수님께서 하시는 일을 우리도 한다는 의미입니다.

　예수님께서는 용서와 화해, 그리고 사랑으로 자신의 모든 것까지 내어주시는 삶을 통해 하나님의 마음을 이 땅에 보여주시고 많은 사람들을 하나님께로 인도하셨습니다. 예수님께서는 그 일을 우리에게 맡기시고자 '나를 따르라'라고 부르십니다.

　이기적이고 혼란스러운 세상에서 예수님을 따르며 산다는 것은 쉬운 일일까요?

　하나님의 은혜의 바다에서 깊이 젖어 살다보면 이것은 쉬우면 하고 어려우면 포기하는 문제가 아님을 알게 됩니다. 예수님께서 앞서 가신 걸음을 올바르게 따르는 삶은 성도(聖徒)의 마땅히 해야 할 일입니다. 각자의 삶의 자리에서 예수님의 부르심에 '예'로 대답함으로 순종(順從)을 다짐하고 믿음의 걸음을 걷기 시작하면 앞서 가신 예수님의 발자국이 눈에 분명히 보임을 경험하게 됩니다. 우리는 그저 믿음 안에서 기쁨으로 그 발자국을 따라 걸으면 됩니다.

우리에게 '나를 따르라' 말씀하신 예수님은 결코 우리를 포기하지 않으십니다. 언제나 앞서 걸으시며 사랑으로 우리를 지켜보시고, 혹시 우리가 올바른 걸음을 방해하는 것들로 인하여 넘어지면 우리에게 손을 내밀어 일으켜 주시고 가야할 길을 마저 걸을 수 있도록 격려해 주실 것입니다.

그 은혜를 힘입어 끝까지 믿음의 걸음을 걸을 수 있기를 바랍니다.

함께 나누기

1. 오늘 본문 중에서 가장 인상적인 말씀은 무엇이며 왜 그렇게 생각하는지를 나누어 봅시다.
   _____
   _____
   _____

2. 어느 날 예수님께서 성도님에게 '나를 따르라'고 말씀하신다면, 솔직한 첫 반응은 어떠할 것 같습니까?
   _____
   _____
   _____

3. 삶 속에서 예수님을 올바로 따르지 못하게 방해하는 것이 있다면 무엇입니까?
   _____
   _____
   _____

한 주간의 기도 제목

나 _____
가정 _____
교회 _____

제32과
내 영혼이 주를 갈망합니다
성경: 시 63:1-11절 / 찬송: 543장

"하나님이여 주는 나의 하나님이시라 내가 간절히 주를 찾되 물이 없어 마르고 황폐한 땅에서 내 영혼이 주를 갈망하며 내 육체가 주를 앙모하나이다 "(1절)

시편 63편은 다윗 왕이 아들 압살롬의 반역으로 인하여 유다광야로 피신했을 때 기록한 시편으로 알려져 있습니다.

사무엘하 15장 이하의 기록에 따르면 다윗이 피난길에 오를 때 따르는 무리들과 함께 예루살렘 남동쪽에 위치한 기드론 시내를 건너야만 했습니다. 그때 다윗을 기억하는 백성들이 다윗을 불쌍히 여기며 대성통곡을 하였습니다. 다른 사람도 아닌 자신의 아들이 목에 칼을 들이대는 상황은 그 누가 보더라도 안타까운 것입니다. 다윗은 그만큼 안타까운 순간을 겪고 있는 것입니다.

성경은 다윗이 감람 산 길로 피난 갈 때의 모습을 이렇게 묘사하고 있습니다.

"다윗이 감람 산 길로 올라갈 때에 그의 머리를 그가 가리고 맨발로 울며 가고 그와 함께 가는 모든 백성들도 각각 자기의 머리를 가리고 울며 올라가니라"(삼하 15:30)

이후 바후림에서는 다윗의 정적(政敵)이었던 사울 왕을 따르던 시므이가 나타나서 다윗을 저주하고 돌을 던지며 모욕함을 견뎌야 했습니다.

다른 때 같으면 당장에 수하들을 보내 징계하겠으나 다윗은 하나님의 은혜를 구하는 심정으로 인내합니다. 이 때 다윗이 이런 고백을 합니다.

"혹시 여호와께서 나의 원통함을 감찰하시리니 오늘 그 저주 때문에 여호와께서 선으로 내게 갚아 주시리라 하고"(삼하 16:12)

다윗은 자신이 겪는 모든 아픔과 수모를 참으며 유다광야로 들어갔습니다. 광야는 아무것도 없이 메말라 풀 한 포기 나무 한 그루 자랄 수 없는 곳입니다. 광야에서는 다른 무엇보다 생존을 염려해야 하는 곳입니다. 그러나 광야에서 다윗은 자신의 생존을 위한 물 한 모금이나 음식, 또는 자신을 압살롬의 칼로부터 지켜줄 용맹한 군사보다 더욱 사모함으로 갈망한 것이 있었습니다. 그것은 바로 하나님입니다. 다윗은 광야에서 하나님께 부르짖으며 고백합니다.

"하나님이여 주는 나의 하나님이시라 내가 간절히 주를 찾되 물이 없어 마르고 황폐한 땅에서 내 영혼이 주를 갈망하며 내 육체가 주를 앙모하나이다"(1절)

다윗이 이토록 하나님을 찾는 이유가 무엇입니까? 압살롬의 반역을 생각하면 용맹한 군사가 더 필요했을 것입니다. 광야에서 지낼 생각을 하면 물과 음식이 더 필요했을 것입니다. 그러나 다윗은 그 모든 것보다 하나님을 구하고 찾습니다. 다윗은 그 이유를 이렇게 말합니다.

"주의 인자하심이 생명보다 나으므로 내 입술이 주를 찬양할 것이라"(3절)

고난의 순간 하나님의 사랑이 아니라면 물을 마셔서 잠시의 갈증을 해갈한들 아무 의미가 없다는 것을 다윗은 알고 있습니다. 그러나 겪고 있는 상황은 힘이 들고 눈앞이 캄캄하지만 그 순간 죽을힘을 다해 하나님을 의지한다면 얘기가 달라진다는 것 또한 다윗은 너무나도 잘 알고 있습니다. 모든 것을 다 잃어도 하나님만은 붙들어야 하는 이유가 여기에 있습니다. 하나님의 사랑하심을 힘입는 것이 생명보다 귀합니다.

결국 다윗은 광야에서 물을 찾는 열심과 정성으로 하나님을 찾았습니다. 그리고 하나님께서는 다윗의 도움이 되어주셨습니다(7절).

힘을 다해 그리고 온 맘 다해 하나님을 갈망하십시오. 주변 환경이나 여건이 아닌 하나님께 집중하십시오. 성도의 살 길이 여기에 있습니다.

함께 나누기

1. 오늘 본문 중에서 가장 인상적인 말씀은 무엇이며 왜 그렇게 생각하는지를 나누어 봅시다.
   _____
   _____
   _____

2. 다윗에게 광야는 사울 왕에게 쫓겨 다닐 때부터 하나님을 경험하는 곳이었습니다. 성도님에게 하나님의 은혜를 떠올리게 하는 장소가 있다면 어디입니까?
   _____
   _____
   _____

3. 고난의 시간을 겪으며 하나님만을 간절히 구하고 찾았던 경험이 있다면 나누어 봅시다.
   _____
   _____

한 주간의 기도 제목

나 _____
가정 _____
교회 _____

제33과
영원을 사모하는 마음
성경: 전 3:1-15절 / 찬송: 288장

"하나님이 모든 것을 지으시되 때를 따라 아름답게 하셨고 또 사람들에게는 영원을 사모하는 마음을 주셨느니라 그러나 하나님이 하시는 일의 시종을 사람으로 측량할 수 없게 하셨도다"(11절)

많은 사람들이 100년도 못사는 유한한 삶을 살면서도 많은 것을 얻고 또 누리고 살려고 애를 씁니다. 많은 사람들이 자신이나 자신이 세운 업적이 영원하기를 원하나 실상은 그렇게 할 수 없습니다. 그저 흘러가는 세월이 야속하다고 탄식할 뿐입니다. 우리는 단지 유한한 삶을 사는 인간일 뿐이고 우리의 하는 일도 그와 같기 때문입니다. 전도자는 이런 유한한 모습으로서의 우리의 삶을 이렇게 표현합니다.

"전도자가 이르되 헛되고 헛되며 헛되고 헛되니 모든 것이 헛되다"(1:2)

전도자는 이 세상의 지혜도 헛되고, 쾌락도 헛되며, 해 아래서 땀 흘려 행한 수고도 헛되다고 고백을 하였습니다. 그러면 이렇게 우리의 삶이 헛되다는 것으로 결론짓고 아무 희망도 목표도 없이 살아야 하는 것일까요? 물론 그렇지 않습니다. 전도자가 전도서를 통해서 말하고 싶은 것은 '인생 허무주의'가 아닙니다.

전도자는 우리가 유한한 삶을 살지라도 삶의 의미와 목표, 그리고 희망을 가져야 함을 말하는 것과 더불어 그 중심에 하나님이 계심을 말하고 있습니다. 하나님을 통해서 우리의 삶은 헛됨에서 벗어나 진정한 의미를 찾을 수 있게 됩니다. 전도자는 이렇게 선언합니다.

"범사에 기한이 있고 천하만사가 다 때가 있나니"(1절)

전도자는 우리가 인생에서 겪는 모든 일에 하나님께서 정한 기한이 있고 다 때가 있다고 선언합니다. 그리고 이 선언을 통해서 전도자는 우리의 인생을 계획하시는 하나님의 섭리를 말하고 있습니다.

신앙인으로서 인생을 살면서 한 번씩 이 하나님의 섭리를 떠올려 보는 것은 매우 중요하다고 할 수 있을 것입니다. 왜냐하면 지금 내가 가고 있는 이 길이 혹은 행하고 있는 일이 하나님께서 원하시는 일이며 옳은 일인지를 반문해보는 중요한 단초를 제공해 주기 때문이고, 또 반대로 이 하나님의 섭리가 자신의 삶에 있어서 믿어지지 않거나 순종하지 못하겠다고 했을 때에는 우리의 신앙에 심각한 도전을 받게 되는 것임을 알게 해주기 때문입니다.

많은 경우, 하나님의 섭리를 발견하기에는 긴 호흡이 필요합니다. 그리고 어떤 때에는 이 땅에서의 우리의 수명보다도 더 긴 호흡이 필요합니다. 그러기에 전도자는 우리가 유한한 수명을 지녔지만 하나님께서 우리에게 '영원을 사모하는 마음'을 주셨다고 말을 합니다. 하나님께서 하시는 일을 다 깨달을 수는 없지만, 신앙 안에서 영원하신 하나님께서 내 삶 가운데 역사하고 계심을 믿어야 한다는 것입니다.

"하나님이 모든 것을 지으시되 때를 따라 아름답게 하셨고 또 사람들에게는 영원을 사모하는 마음을 주셨느니라 그러나 하나님이 하시는 일의 시종을 사람으로 측량할 수 없게 하셨도다"(11절)

때때로 우리는 너무나도 많은 순간 우리가 심은 것을 꼭 우리가 거두어야 한다고 생각지 않습니까? 우리가 기도한 것들의 응답을 꼭 내 눈으로 봐야 된다고 여기지는 않습니까? 그렇기에 조금만 하나님의 응답이 내 뜻대로 혹은 내가 원하는 기간에 이루어지지 않으면 조바심을 내고 어찌할 줄을 몰라 불평과 불만을 합니다. 이러한 때 우리에게 필요한 것이 바로 하나님의 섭리 앞에 순종할 줄 아는 믿음입니다. 이것을 신앙으로 알아가고, 배워가고, 또 믿을 수 있을 때 우리의 삶의 모든 순간 하나하나가 의미를 갖게 됩니다. 내 인생이 나의 것이라고 외칠 때에는 보이지 않던 인생의 올바른 방향과 목적이 하나님의 섭리를 인정하는 순간 명확히 보입니다.

전도자는 "하나님께서 행하시는 모든 것은 영원히 있을 것이라"(14절)고 말합니다. '영원'은 하나님의 성품 중의 하나입니다. 오직 하나님과 그분의 뜻만이 영원합니다. 모두가 자신과 자신의 업적에 대한 영원을 갈망하지만, 하나님께서는 그분의 창조사역을 통해 모든 만물이 정해진 때가 있도록 하셨습니다. 이제 우리가 할 일은 우리에게 주어진 삶의 기간을 통해 영원하신 하나님과 그분의 말씀을 더욱 사모하는 것입니다.

하나님께서 창조하신 모든 만물의 기한이 있음을 보며 더욱 하나님의 영원하심을 찬양하는 삶이기를 소망해 봅니다.

함께 나누기

1. 오늘 본문 중에서 가장 인상적인 말씀은 무엇이며 왜 그렇게 생각하는지를 나누어 봅시다.

   _____
   _____
   _____

2. 하나님께서 정해 놓으신 유한한 삶이지만 그럼에도 하나님의 은혜 안에서 이루어가기를 원하는 소망이 있다면 나누어 봅시다.

   _____
   _____
   _____

3. 성도님께서 하나님으로 말미암아 찾은 삶의 의미와 목적은 무엇입니까?

   _____
   _____
   _____

한 주간의 기도 제목

나 _____
가정 _____
교회 _____

제34과
하나님께서 일하십니다

성경: 행 6:10-23절 / 찬송: 289장

"주께서 이르시되 가라 이 사람은 내 이름을 이방인과 임금들과 이스라엘 자손들에게 전하기 위하여 택한 나의 그릇이라"(15절)

한동안 은혜 안에서 성장해가던 예루살렘 교회에 스데반 집사의 순교 이후 큰 박해(迫害)가 있어 사도 외에는 다 유대와 사마리아 모든 땅으로 흩어지게 되었습니다(8:1). 어쩌면 이제 갓 시작된 교회에 큰 위기와 시련이 닥친 것이라고도 생각할 수 있을 상황입니다만, 놀라운 것은 박해를 피해 흩어진 사람들이 두루 다니며 복음의 말씀을 전했다는 것입니다(8:4).

하나님께서는 교회를 향한 큰 박해를 오히려 복음이 예루살렘의 지경을 넘어 사방으로 전해지는 결과로 바꾸어 놓으셨습니다. 예수님께서 말씀하셨던 "예루살렘과 온 유대와 사마리아와 땅 끝까지 이르러 내 증인이 되리라"(1:8)는 말씀이 생각지도 못했던 큰 박해를 통하여 이루어져 가게 된 것입니다. 하나님의 하시는 일이 놀라울 뿐입니다.

교회와 예수를 구주로 믿는 성도들을 박해하는 일에 앞장서던 인물 중에 사울이라는 청년이 있었습니다. 그가 행한 일과 관련하여 성경은 이렇게 말합니다.

"사울이 교회를 잔멸할 새 각 집에 들어가 남녀를 끌어다가 옥에 넘기니라"(8:3)

"사울이 주의 제자들에 대하여 여전히 위협과 살기가 등등하여 대제사장에게 가서 다메섹 여러 회당에 가져갈 공문을 청하니 이는 만일 그 도를 따르는 사람을 만나면 남녀를 막론하고 결박하여 예루살렘으로 잡아오려 함이라"(9:1~2)

사울의 교회를 박해하려는 열심이 어찌나 대단했던지 해외 파견까지 자원하여 나가 예수를 구주로 믿는 성도를 잡아오려 하였습니다. 사울은 교회와 성도들에게 적지 않은 위협과 해(害)가 되는 인물이었습니다 (9:13~14).

그런 사울이 자신의 목적을 이루기 위해 다메섹(현재 시리아의 수도인 다마스커스)으로 가던 중 이후의 인생을 송두리째 바꾸어놓는 경험을 하게 되니 그것은 곧 부활하신 예수 그리스도를 직접 만나게 된 사건이었습니다. 예수님께서 사울을 찾아오셨습니다. 그리고 이렇게 말씀하셨습니다.

"사울아 사울아 네가 어찌하여 나를 박해하느냐 …… 나는 네가 박해하는 예수라"(9:4~5)

예수님의 말씀에는 중요한 의미가 있습니다. 이는 예수님께서 사울의 이름을 알고 계셨을 뿐만 아니라 또한 그가 하고 있는 일이 무엇인지를 알고 계셨음을 보여줍니다. 그리고 그러한 사실을 알면서도 찾아오셨다는 것은 용서하기 위함이며 화해를 이루어 십자가의 사랑을 나타내 보여주기 위함입니다.

무엇보다도 중요한 것은 이 한 말씀으로 예수님께서는 당신께서 죽으셨으나 부활하셨고 지금까지도 살아계심을 분명히 밝힘으로 당신께서 그리스도가 되심을 보여주고 계십니다. 그리스도가 아니면 어찌 죽었던 자가 살아서 나타나 말씀을 전할 수 있을까요?

이후 예수님께서는 다메섹에 살던 아나니아라는 제자에게 사울을 이렇게 소개합니다.

"내 이름을 위하여 이방인과 임금들과 이스라엘 자손들에게 전하기 위하여 택한 나의 그릇이라 그가 내 이름을 위하여 얼마나 고난을 받아야 할 것을 내가 그에게 보이리라 하시니"(9:15~16)

자칫 철천지원수가 될 뻔한 관계가 사울을 찾아 만나주신 예수님의 무한한 사랑과 용서로 말미암아 한순간에 달라져 예수님께서는 사울을 하나님 나라를 위한 일꾼으로 삼으셨습니다.

하나님께서 하시는 일이 놀랍습니다. 하나님께서는 교회의 위기를 오히려 복음이 더 멀리 전해지는 계기로 삼으셨고, 또한 원수를 변화시켜 복음을 전하는 일꾼으로 삼으셨습니다.

하나님께서는 언제나 우리의 삶 속에서 이 모양 저 모양으로 일하고 계십니다. 어떤 이유에서건 삶이 막다른 길에 다다랐다고 느끼는 순간일지라도 불평하고 포기하기 전에 하나님의 뜻을 묻고 발견할 수 있기를 소망합니다. 우리의 삶 속에서 놀라운 방법으로 일하시는 하나님을 찬양합니다.

함께 나누기

1. 오늘 본문 중에서 가장 인상적인 말씀은 무엇이며 왜 그렇게 생각하는지를 나누어 봅시다.
   _____
   _____
   _____

2. 내 생각 너머에서 일하시는 놀라우신 하나님을 경험한 적이 있다면 나누어 봅시다.
   _____
   _____
   _____

3. 많은 사람들이 사람은 쉽게 변하지 않는다고 말합니다. 어떻게 생각하십니까?
   _____
   _____
   _____

한 주간의 기도 제목

나 _____
가정 _____
교회 _____

제35과
네가 나를 사랑하느냐
성경: 요 21:15-23절 / 찬송: 310장

"그들이 조반 먹은 후에 예수께서 시몬 베드로에게 이르시되 요한의 아들 시몬아 네가 이 사람들보다 나를 더 사랑하느냐 하시니 이르되 주님 그러하나이다 내가 주님을 사랑하는 줄 주님께서 아시나이다 이르시되 내 어린 양을 먹이라 하시고"(15절)

부활하신 예수님께서 디베랴 호수에서 제자들을 만나주셨습니다. 함께 식사를 하신 후 예수님께서 시몬 베드로에게 물으셨습니다.

"요한의 아들 시몬아 네가 이 사람들보다 나를 더 사랑하느냐"(21:15)

'시몬'은 베드로의 본명입니다. 예수님께서 베드로를 '요한의 아들 시몬아'라며 그의 본명으로 부르신 것은 예수님께서 베드로를 처음 만나셨을 때뿐이었습니다. 예수님께서 베드로를 처음 만나셨을 때 이렇게 말씀하셨습니다.

"데리고 예수께로 오니 예수께서 보시고 이르시되 네가 요한의 아들 시몬이니 장차 게바라 하리라 하시니라 (게바는 번역하면 베드로라)"(1:42)

'게바'는 '돌', '반석'이라는 의미의 아람어 '베드로'를 헬라식으로 음역(音譯)한 것입니다. 다시 말해서 반석이라는 의미의 '베드로(게바)'라는 이름을 주신 분이 예수님이셨습니다. 그리고 이후 요한복음에서는 계속적으로 베드로라는 이름이 사용됩니다. 베드로라는 이름에는 반석 같은 믿음으로 살기 원하시는 예수님의 기대가 담겨있습니다.

그런데 베드로는 예수님께서 붙잡히셔서 십자가를 지실 때 예수님을 모른다며 세 번 부인했습니다. 예수님께서 주신 이름의 뜻처럼 반석 같은 믿음으로 살지를 못했으며 낙심하고 절망했습니다. 그러한 베드로에게 부활하신 예수님께서 당신께서 주신 베드로라는 이름이 아닌 그의 본명이기는 하지만 예수님을 만나기 이전에 사용했던 이름인 '요한의 아들 시몬아'라고 부르셨습니다. 이때 베드로의 마음이 어떠했을까요?

옛 이름으로 베드로를 부르신 예수님께서 베드로에게 딱 한 가지를 세 번 물으셨습니다.

"네가 나를 사랑하느냐"(15,16,17절)

예수님께서는 베드로에게 무엇을 가르쳐주고 싶으셨던 것일까요? 예수님께서는 베드로를 옛 이름으로 부르며 첫 만남을 상기시키셨습니다. 그때 예수님께서는 반석 같은 믿음의 베드로를 기대하시며 새로운 이름을 주시기까지 하셨습니다. 이후 많은 시간이 지나고 그간 여러 일들을 겪었으나 예수님께서는 아직도 그 기대를 포기하지 않고 계심을 베드로에게 말씀하시고 계십니다. 그리고 실패로 인하여 낙심하고 절망했던 베드로가 다시 일어나 예수님의 기대처럼 살아간다고 할 때 베드로에게 필요한 것은 다른 무엇도 아닌 '사랑' 하나뿐임을 가르쳐주고 계십니다.

하나님께서 우리를 사랑하셨기에 당신의 아들 독생자 예수 그리스도까지 십자가에 내어주시며 구원을 이루셨습니다. 예수님께서도 우리를 사랑하셨기에 하나님의 계획에 순종하며 말없이 고난의 길을 걸어가셨습니다. 하나님도 예수님도 사랑 때문에 모든 것을 내어주셨습니다. 사랑이면 족합니다.

그랬기에 이제 베드로에게 묻고 있습니다. 세상의 다른 모든 것들을 다 포기하고서라도 오직 예수님만을 사랑함으로 헌신할 수 있느냐고 말입니다.

소망하기는 예수님을 사랑하면 할수록 더욱 예수님만을 사랑하게 되는 그 은혜를 누릴 수 있기를 바랍니다.

함께 나누기

1. 오늘 본문 중에서 가장 인상적인 말씀은 무엇이며 왜 그렇게 생각하는지를 나누어 봅시다.
   _____
   _____
   _____

2. 예수님께서 성도님을 향하여 가진 기대는 무엇이라고 생각하십니까?
   _____
   _____
   _____

3. 예수님께서 '네가 나를 사랑하느냐'고 물으신다면 무엇이라 대답하시겠습니까?
   _____
   _____
   _____

한 주간의 기도 제목

나 _____
가정 _____
교회 _____

9월

◆

제36과 부자와 거지 나사로
제37과 이 사람도 아브라함의 자손이라
제38과 나와 무슨 상관이 있나이까
제39과 내가 너희를 사랑하였노라

제36과
부자와 거지 나사로

성경: 눅 16:19-31절 / 찬송: 421장

"이르되 모세와 선지자들에게 듣지 아니하면 비록 죽은 자 가운데서 살아나는 자가 있을지라도 권함을 받지 아니하리라 하였다 하시니라"(31절)

예수님께서 '부자와 거지 나사로'의 비유를 말씀하셨습니다. 복음서에 기록된 예수님의 비유 중에서 등장인물의 이름이 언급된 경우는 '나사로'가 유일합니다. '나사로(Lazarus)'는 히브리어 '엘리에셀(Eleazar)'에서 유래한 이름으로 '하나님께서 도우신다'라는 의미를 가지고 있고, 이는 그가 앞으로 진행될 이야기에서 어떤 일을 겪게 될지를 암시한다고 볼 수 있습니다. 이 땅에서 가난한 거지로서 비참한 삶을 살았던 나사로는 죽은 후 천사들에게 받들려 아브라함의 품에 들어가게 됩니다(16:22).

반대로 이름도 언급되지 않은 부자의 이 땅에서의 삶은 나사로와는 사뭇 달랐습니다. 성경은 이 땅에서의 삶을 이렇게 표현합니다.

"한 부자가 있어 자색 옷과 고운 베옷을 입고 날마다 호화롭게 즐기더라"(16:19)

부자는 말 그대로 풍요로운 삶을 살았습니다. 그러나 그는 죽어 장사되매 나사로와는 달리 아브라함의 품이 아닌 음부에서 고통을 당하게 됩니다.

왜 부자는 죽어 아브라함의 품이 아닌 음부에 가게 되었을까요? 생각해 보신 적이 있으신지요?

죽은 후 음부에서 고통 받던 부자는 아브라함에게 자신의 형제 다섯에게 나사로를 보내어 자신처럼 음부에 오지 않도록 회개(悔改)하게 해달라고 간청합니다. 무엇에 대한 회개를 말함입니까?

예수님께서 이 비유를 왜 말씀하셨는지 그 배경을 알 필요가 있습니다. 15장 1절에 따르면 바리새인과 서기관들은 예수님께서 세리와 죄인들과 가까이 하시는 것을 못마땅하게 여겼습니다. 이에 예수님께서는 "죄인 한 사람이 회개하면 하나님의 사자들 앞에 기쁨이 되느니라"(15:7,10)고 말씀하시며 당신께서 죄인의 회개를 위하여 이 땅에 오셨음을 밝히셨습니다. 그 후 16장부터 회개의 구체적 내용의 일환(一環)으로 '재물의 사용'에 대하여 가르치셨는데 이렇게 말씀하셨습니다.

"집 하인이 두 주인을 섬길 수 없나니 혹 이를 미워하고 저를 사랑하거나 혹 이를 중히 여기고 저를 경히 여길 것임이니라 너희는 하나님과 재물을 겸하여 섬길 수 없느니라"(16:13)

성경은 예수님의 이 말씀을 들은 바리새인들의 반응을 이렇게 언급하고 있습니다.

"바리새인들은 돈을 좋아하는 자들이라 이 모든 것을 듣고 비웃거늘"(16:14)

당시 바리새인들은 율법을 잘 지키며 신앙이 좋은 자신들은 당연히 물질적 축복을 받아야 하는 것으로 여겨 스스로 자신들의 사회적 특권을 이용하여 부를 축재(蓄財)했습니다. 그랬기에 하나님과 재물을 겸하여 섬길 수 없다는 예수님의 말씀을 비웃었던 것입니다.

이러한 배경에서 예수님께서는 '부자와 거지 나사로'의 비유를 말씀하시기 시작했습니다. 부자는 하나님보다 재물에 더 관심이 많았던 사람을 의미합니다. 이러한 사람들은 재물에 대한 욕심이 지나쳐 자신이 하나님으로부터 멀어지고 있는 것도 깨닫지를 못합니다. 그랬기에 부자를 비롯한 그의 형제 다섯에게 '모세와 선지자들'이 전한 말씀, 즉 하나님의 말씀은 가볍게 무시되었습니다.

모세는 분명히 이렇게 가르쳤습니다.

"네 하나님 여호와께서 네게 주신 땅 어느 성읍에서든지 가난한 형제가 너와 함께 거주하거든 그 가난한 형제에게 네 마음을 완악하게 하지 말며 네 손을 움켜쥐지 말고 반드시 네 손을 그에게 펴서 그에게 필요한 대로 쓸 것을 넉넉히 꾸어주라"(신 15:7~8)

분명 부자에게는 얼마든지 자신의 대문 앞에서 죽어가는 나사로를 도울 여력이 있었습니다. 그러나 하나님이 아닌 재물을 섬겼던 그는 쓰고 남아서 버릴지언정 손을 펴서 힘없고 가난한 자를 도울 생각은 전혀 하지 않았습니다. 재물에 대한 욕심 앞에 하나님의 말씀은 가볍게 무시했습니다. 그리고 이러한 사람이 죽어 갈 곳은 지옥밖에 없습니다.

회개(悔改)는 하나님으로부터 자신을 멀어지게 하는 것을 끊는 것입니다. 그 후 삶에서 회개의 열매를 맺어가야 합니다. 자신의 삶과 신앙을 돌아볼 수 있기를 바랍니다.

함께 나누기

1. 오늘 본문 중에서 가장 인상적인 말씀은 무엇이며 왜 그렇게 생각하는지를 나누어 봅시다.
   _____
   _____

2. 재물은 어떻게 대하고 사용하느냐에 따라 신앙에 도움이 될 수도 있고 그 반대일 수도 있습니다. 신앙에 도움이 되는 재물 사용에 대하여 나누어 봅시다.
   _____
   _____
   _____

3. 바리새인들이 주장하는 신앙 좋은 사람들이 물질의 축복을 받는다는 것은 사실입니까? 어떻게 생각하십니까?
   _____
   _____
   _____

한 주간의 기도 제목

나 _____
가정 _____
교회 _____

제37과
이 사람도 아브라함의 자손이라
성경: 눅 19:1-10절 / 찬송: 421장

"삭개오가 서서 주께 여짜오되 주여 보시옵소서 내 소유의 절반을 가난한 자들에게 주겠사오며 만일 누구의 것을 속여 빼앗은 일이 있으면 네 갑절이나 갚겠나이다"(8절)

예수님께서 한 부자 관리와 영생에 관하여 말씀을 나누시던 중 부자 관리에게 이렇게 말씀하셨습니다.

"예수께서 이 말을 들으시고 이르시되 네게 아직도 한 가지 부족한 것이 있으니 네게 있는 것을 다 팔아 가난한 자들에게 나눠 주라 그리하면 하늘에서 네게 보화가 있으리라 그리고 와서 나를 따르라 하시니"(18:22)

그러나 부자 관리는 재물이 많은 까닭에 예수님의 말씀에 근심만 할 뿐 순종하지 못했습니다. 이는 하나님보다 재물을 더 사랑함이 하나님 나라에 들어가는 데 방해가 됨을 가르쳐 줍니다. 그런데 이러한 사실이 우리를 고민(苦悶)하게 합니다. 이 땅에 재물을 싫어하는 사람이 있을까요?

이후 예수님께서 여리고로 지나가시다가 삭개오를 만나게 되었는데 그는 로마 제국의 세리장(稅吏長, 세관장)이었고 또한 부자였습니다(1절). 당시 세리장은 로마의 공권력을 이용하여 의도에 따라 자율적으로 세금을 부과하여 징수할 수 있었기에 부를 축적하기에 용이했는데 그러한 이유로 동족 유대인들에게 미움을 받았습니다.

예수님께서 길을 지나가시다가 많은 무리 중에서 유독 자신을 보기 위해 돌 무화과나무 위에 올라가 있던 삭개오를 쳐다보셨습니다. 그리고 이렇게 말씀하셨습니다.

"예수께서 그 곳에 이르사 쳐다 보시고 이르시되 삭개오야 속히 내려오라 내가 오늘 네 집에 유하여야 하겠다 하시니"(19:5)

이 말씀은 예수님께서 삭개오를 새로운 삶으로 이끄시고자 하시는 초대(招待)입니다.

앞서 한 부자 관리는 예수님의 초대에 적극적으로 응하지 못했습니다만 삭개오는 예수님의 초대를 받자마자 급히 내려와 즐거워하며 예수님을 영접함으로 순종했습니다. 그리고 이렇게 말했습니다.

"삭개오가 서서 주께 여짜오되 주여 보시옵소서 내 소유의 절반을 가난한 자들에게 주겠사오며 만일 누구의 것을 속여 빼앗은 일이 있으면 네 갑절이나 갚겠나이다"(19:8)

삭개오의 이러한 다짐과 행동은 누구의 강요로 이루어진 것이 아니었습니다. 삭개오는 자발적으로 이 일을 결정했습니다. 이는 삭개오에게 있어서 예수님을 영접한 기쁨이 자신의 소유물이 주는 기쁨보다 더 컸음을 의미합니다. 삭개오는 자신의 삶을 위해 재물을 모으는 일보다 더 중요한 것이 있음을 깨달은 것이며 그것이 삶의 방향을 바꾸는 실천적인 행동으로 나타난 것입니다.

이런 삭개오의 모습을 보며 예수님께서 이렇게 말씀하셨습니다.

"예수께서 이르시되 오늘 구원이 이 집에 이르렀으니 이 사람도 아브라함의 자손임이로다"(19:9)

이러한 예수님의 선언을 통해 우리가 알 수 있는 것은 구원은 미래에 있을 사건(천국에 가는 일)으로만 이해되는 것이 아니라 예수님을 따르고자 하는 현재의 실천적 결단을 통해 지금 당장 경험할 수 있는 실제 사건이라는 것입니다. 삭개오는 모든 것보다 우선하여 예수님을 마음에 모신 순간 "주 예수와 동행하니 그 어디나 하늘나라"(찬송가 438장)의 삶을 살게 된 것입니다.

한 부자 관리도 그리고 부자였던 삭개오도 똑같이 예수님을 개인적으로 만나는 기회를 얻었습니다만 그 만남의 결과는 사뭇 다르게 나타났습니다. 무엇을 더 사랑하고 귀하게 여기느냐의 문제입니다. 선택은 각자의 몫입니다.

선물보다 선물을 주시는 분에게 마음을 두는 지혜가 필요합니다. 그러한 지혜로 하나님 한 분만을 바라볼 수 있기를 바랍니다.

함께 나누기

1. 오늘 본문 중에서 가장 인상적인 말씀은 무엇이며 왜 그렇게 생각하는지를 나누어 봅시다.
   _____
   _____

2. 한 부자 관리에게 있어 재물은 예수님을 올바로 따르지 못하게 하는 장애물과도 같은 것이었습니다. 성도님에게 그러한 장애물이 있다면 무엇입니까?
   _____
   _____

3. 신앙생활을 한다고 하면서도 선물을 주시는 분보다 선물에 더 관심을 두는 일이 생기는 이유는 무엇일까요?
   _____
   _____

한 주간의 기도 제목

나 _____
가정 _____
교회 _____

제38과
나와 무슨 상관이 있나이까
성경: 막 5:1-20절 / 찬송: 293장

"큰 소리로 부르짖어 이르되 지극히 높으신 하나님의 아들 예수여 나와 당신이 무슨 상관이 있나이까 원하건대 하나님 앞에 맹세하고 나를 괴롭히지 마옵소서 하니"(7절)

예수님께서 갈릴리 호수 동편 거라사인의 지방에 이르렀을 때 더러운 귀신 들린 사람이 무덤 사이에서 예수님께 나아와 절하며 이렇게 소리쳤습니다.

"큰 소리로 부르짖어 이르되 지극히 높으신 하나님의 아들 예수여 나와 당신이 무슨 상관이 있나이까 원하건대 하나님 앞에 맹세하고 나를 괴롭히지 마옵소서 하니"(5:7)

이는 예수님께서 가버나움의 회당에 들어가셨을 때 만났던 귀신 들린 사람의 외침과 흡사합니다.

"나사렛 예수여 우리가 당신과 무슨 상관이 있나이까 우리를 멸하러 왔나이까 나는 당신이 누구인 줄 아노니 하나님의 거룩한 자니이다"(1:24)

귀신 들린 사람들이 외친 '나와 당신이 무슨 상관이 있나이까'라는 말은 '내 일에 간섭하지 말고 네 일에나 신경 쓰라'는 의미입니다. 그러나 예수님께서는 그들의 거절의 외침에도 불구하고 오히려 나서서 귀신 들린 사람들에게서 귀신을 내쫓으셨습니다. 삶의 고통 가운데 있는 사람의 아픔을 외면하지 않으신 것입니다. 예수님은 이처럼 언제나 도움을 필요로 하는 사람들과 함께하는 삶을 사셨습니다. 그리고 이러한 예수님의 삶은 그 길을 따라 살아야 하는 우리에게 큰 도전이 됩니다.

사탄은 끊임없이 우리의 이기적인 욕망을 부추기며 우리의 귀에 자신의 안위만 생각하고 이웃의 아픔은 끝내 모른 척 지나치라고 속삭입니다. 괜스레 귀찮은 일에 엮여 피곤해지지 말고 불의(不義)한 일을 봐도 눈을 감으라고 말합니다. 실제로 다른 사람의 아픔에 공감하고 도움의 손을 내미는 일은 때로 시간과 정열을 쏟아야 하는 일입니다. 거저 되지는 않습니다.

어쩌면 우리의 삶이 메마르고 각박해져만 가는 것은 이러한 사탄의 이기심을 부추기는 전략에 맞서 예수를 구주로 믿는 성도라는 사람들이 기꺼이 팔을 걷어붙이고 나서지 않기 때문일 수 있습니다. 다른 사람의 아픔에 귀 기울지 않는 세상이 되어가는 것을 방치한다는 것은 곧 내가 아파 부르짖을 때에도 나의 아픔에 공감할 사람이 없게 된다는 의미임을 알아야 합니다.

사도 바울은 빌립보서 2장에서 우리가 따라야 할 '그리스도 예수의 마음'을 이야기하며 이렇게 말합니다.

"그러므로 그리스도 안에 무슨 권면이나 사랑의 무슨 위로나 성령의 무슨 교제나 긍휼이나 자비가 있거든 마음을 같이하여 같은 사랑을 가지고 뜻을 합하며 한마음을 품어 아무 일에든지 다툼이나 허영으로 하지 말고 오직 겸손한 마음으로 각각 자기보다 남을 낫게 여기고 각각 자기 일을 돌볼뿐더러 또한 각각 다른 사람들의 일을 돌보아 나의 기쁨을 충만하게 하라"(빌 2:1~4)

사도 바울의 가르침은 '하나님을 사랑하는 마음으로 또한 네 이웃을 네 자신과 같이 사랑하라'는 예수님의 가르침과 다르지 않습니다.

이웃을 사랑함으로 돕는 일에도 많은 용기가 필요한 시대가 되었습니다. 그럼에도 우리게 주신 하나님의 은혜로 말미암아 이웃을 향하여 기꺼이 손 내밀어 주는 풍요로움이 마음에 가득하기를 소원해 봅니다.

함께 나누기

1. 오늘 본문 중에서 가장 인상적인 말씀은 무엇이며 왜 그렇게 생각하는지를 나누어 봅시다.
   _____
   _____
   _____

2. 빌립보서 2장의 사도 바울의 가르침을 들을 때 어떤 생각이 드십니까? 실천 가능한 말씀일까요?
   _____
   _____
   _____

3. 우리가 적극적으로 이웃 사랑을 실천하지 못하는 이유는 무엇 때문이라 생각하십니까?
   _____
   _____
   _____

한 주간의 기도 제목

나 _____
가정 _____
교회 _____

제39과
내가 너희를 사랑하였노라
성경: 말 1:1-15절 / 찬송: 304장

"여호와께서 이르시되 내가 너희를 사랑하였노라 하나 너희는 이르기를 주께서 어떻게 우리를 사랑하셨나이까 하는도다 나 여호와가 말하노라 에서는 야곱의 형이 아니냐 그러나 내가 야곱을 사랑하였고"(2절)

바벨론 포로지에서 예루살렘으로 귀환한 유다 백성들은 어려움 가운데서도 학개 선지자와 스가랴 선지자를 통한 하나님의 권면과 격려를 받으며 하나님의 성전을 재건(再建)하는 등 신앙 회복을 꾀하였습니다. 그러나 선지자들을 통한 하나님의 말씀이 있은 지 100여 년의 시간이 흘러가도록 메시아 왕국은 도래하지 않았고 그들은 여전히 바벨론 제국 다음으로 들어선 바사(페르시아) 제국 아래에서 하루하루 살아갈 뿐이었습니다. 이러한 현실을 마주하며 기다림에 지친 이스라엘 백성들의 신앙은 점차 냉소적(冷笑的)이며 형식적(形式的)으로 변해갔습니다.

이러한 이스라엘 백성들의 열정을 잃어간 모습을 하나님께서는 이렇게 표현하셨습니다.

"여호와께서 이르시되 내가 너희를 사랑하였노라 하나 너희는 이르기를 주께서 어떻게 우리를 사랑하셨나이까 하는도다 나 여호와가 말하노라 에서는 야곱의 형이 아니냐 그러나 내가 야곱을 사랑하였고"(2절)

놀랍고도 안타까운 말씀입니다. 하나님께서는 단 한순간도 이스라엘을 사랑하시지 않은 날이 없으셨습니다. 그랬기에 그들의 우상을 섬기는 등의 죄악에도 불구하고 용서와 은혜와 긍휼로 지금까지 인도해 오셨습니다.

그런데 그러한 사랑을 받아왔으면서도 이스라엘 백성들은 그 깊으신 하나님의 사랑을 깨닫지를 못하고 오히려 하나님께서 언제 그리고 어떻게 자신들을 사랑했는지를 되묻고 있습니다. 하나님께서는 아낌없이 베푸시고 사랑하는데 그 사랑을 받고 살아가는 이스라엘 백성들은 계속해서 깨닫지를 못하니 참으로 안타까울 따름입니다.

하나님의 은혜를 속히 잊고 다시금 옛 죄악 된 습관으로 빠르게 돌아가고 있는 이스라엘 백성이지만 하나님께서는 여전히 그들을 포기하시지 않고 계셨습니다. 그랬기에 말라기 선지자를 통하여 이렇게 선포하셨습니다.

"내 이름을 경외하는 너희에게는 공의로운 해가 떠올라서 치료하는 광선을 비추리니 너희가 나가서 외양간에서 나온 송아지같이 뛰리라(4:2)

…… 보라 여호와의 크고 두려운 날이 이르기 전에 내가 선지자 엘리야를 너희에게 보내리니 그가 아버지의 마음을 자녀에게로 돌이키게 하고 자녀들의 마음을 그들의 아버지에게로 돌이키게 하리라 돌이키지 아니하면 두렵건대 내가 와서 저주로 그 땅을 칠까 하노라 하시니라"(4:5~6)

이는 하나님께서 100여 년 전에 스가랴 선지자를 통해 선포한 것보다 더 구체적인 말씀으로 이스라엘 백성들의 죄악 되고 병든 영혼을 치유할 메시아를 보내실 것을 말씀하십니다.

또한 메시아가 오실 것에 대한 증거로 하나님께서는 선지자 엘리야(세례 요한)를 앞서 보내어 메시아의 오실 길을 예비하실 것이라고 말씀하시며 메시아의 강림이 확실히 일어날 일임을 구체적으로 강조하셨습니다.

결국 하나님의 백성들은 하나님의 말씀을 신뢰하는 믿음 안에서 살아야 합니다. 하나님께서는 시간이 가고 시대가 변하여도 당신께서 말씀하신 약속은 반드시 이루어가십니다.

신앙생활을 하시면서 어떤 하나님의 말씀을 약속으로 붙잡고 계십니까? 사랑의 하나님께서는 분명 정한 때에 그 약속을 이루실 것입니다. 날마다 그 믿음으로 승리하는 삶을 살 수 있기를 바랍니다.

함께 나누기

1. 오늘 본문 중에서 가장 인상적인 말씀은 무엇이며 왜 그렇게 생각하는지를 나누어 봅시다.
   _____
   _____
   _____

2. 삶 가운데 하나님의 사랑을 어떻게 경험하고 있는지 나누어 봅시다.
   _____
   _____
   _____

3. 삶 속에서 붙잡고 기도하는 약속의 말씀이 있다면 나누어 보고 함께 기도합시다.
   _____
   _____
   _____

한 주간의 기도 제목

나 _____
가정 _____
교회 _____

10월

◆

제40과 여호와로 인하여 기뻐하는 것
제41과 너희 행위를 살필지니라
제42과 주의 일을 수년 내에 부흥케 하옵소서
제43과 영생하도록 솟아나는 샘물
제44과 다른 복음은 없나니

제40과
여호와로 인하여 기뻐하는 것
성경: 느 8:1-18절 / 찬송: 428장

"느헤미야가 또 그들에게 이르기를 너희는 가서 살진 것을 먹고 단 것을 마시되 준비하지 못한 자에게는 나누어 주라 이 날은 우리 주의 성일이니 근심하지 말라 여호와로 인하여 기뻐하는 것이 너희의 힘이니라 하고"(10절)

일반적으로 성벽이든, 궁궐이든, 성전이든, 자기 집이든 공사를 끝냈으면 무엇을 하는 것이 순서일까요? 바로 공사를 무사히 끝낸 것을 축하하고 기념하는 '낙성식(落成式)' 아닐까요? 그런데 느헤미야는 150여 년 동안 훼파되었던 예루살렘 성벽을 52일 만에 재건했음에도 곧이어 낙성식을 하지 않고 있습니다.

왜일까요? 그것은 낙성식을 하는 것보다도 더 중요한 일이 있었기 때문입니다. 그것은 바로 '예루살렘의 인구 공동화 현상'의 해결이었습니다.

"그 성읍은 광대하고 그 주민은 적으며 가옥은 미처 건축하지 못하였음이니라"(7:4)

느헤미야가 돌아와 성벽은 재건했으나, 여전히 예루살렘을 지키고 가꾸어갈 사람들이 절대적으로 부족했습니다. 그도 그럴 것이 나라가 바벨론에 의하여 멸망당한 후 예루살렘은 성벽도 없이 방치되어 있었습니다. 성벽이 없었다는 것은 짐승들이나 이민족의 침략에 마땅히 방비할 대책이 없었다는 것을 의미합니다. 그러니 그동안 그곳에 살고자 하는 사람이 없었던 것입니다.

그런데 한 가지 중요한 사실은 느헤미야만은 그동안 예루살렘에서 인구가 감소해왔던 문제를 환경적이거나, 경제, 사회, 또는 정치 등의 문제로 보지 않았다는 것입니다. 느헤미야는 유다 백성들이 예루살렘을 떠난 것의 주된 이유를 '신앙의 문제'로 인식하였습니다. 하나님의 백성들이 하나님의 도성(都城)인 예루살렘을 떠난 것은 무엇보다 영적 침체가 원인이라고 생각한 것입니다. 느헤미야는 신앙의 눈으로 일어난 문제를 바라보고 있습니다.

영적 침체가 문제라면 해결방법은 명확합니다. 다른 무엇보다도 유다 백성들의 신앙을 회복시키는 것이 급선무입니다. 그렇다면 어떻게 쇠퇴한 신앙을 다시 세울 수 있을까요? 바로 부흥을 경험하는 것입니다. 하나님의 충만한 은혜로 부흥을 경험하면 됩니다.

느헤미야와 학사 에스라는 바로 이 부흥이 필요함을 너무나도 잘 알았고, 백성들의 지도자들도 그것을 알았습니다. 그랬기에 일곱째 달 초하루에 수문 앞 광장에 사람들을 모으고 일종의 '부흥 사경회'를 엽니다. 그리고 하나님의 말씀을 통하여 자신들의 죄를 깨닫고 울부짖는 모든 백성에게 느헤미야가 이렇게 말합니다.

"느헤미야가 또 그들에게 이르기를 너희는 가서 살진 것을 먹고 단 것을 마시되 준비하지 못한 자에게는 나누어 주라 이 날은 우리 주의 성일이니 근심하지 말라 여호와로 인하여 기뻐하는 것이 너희의 힘이니라 하고"(10절)

하나님의 말씀으로 부흥을 경험하면 많은 것이 달라집니다. 옛 습관을 버리고 새로운 삶을 살 수가 있고 또한 그렇게 사는 것이 기쁘고 즐겁습니다. 그렇기에 그 날의 감격을 성경은 이렇게 말합니다. 8장 12절은 이렇게 말하고 있습니다.

"모든 백성이 곧 가서 먹고 마시며 나누어 주고 크게 즐거워하니 이는 그들이 그 읽어 들려 준 말을 밝히 앎이라"(12절)

부흥을 경험한다는 것은 곧 하나님과의 관계를 바로 하는 것을 말합니다. 느헤미야 시대의 이스라엘 백성들이 그랬던 것처럼, 우리도 하나님의 말씀을 밝히 앎으로 부흥을 경험하는 일들이 많아졌으면 좋겠습니다. 그래서 신앙생활 하는 것이 마냥 즐겁고, 하나님의 일을 감당하는 것에 기쁨이 넘쳤으면 좋겠습니다.

함께 나누기

1. 오늘 본문 중에서 가장 인상적인 말씀은 무엇이며 왜 그렇게 생각하는지를 나누어 봅시다.
   _____
   _____
   _____

2. 신앙의 문제가 곧 모든 삶의 문제의 중심에 있음을 인정하십니까?
   _____
   _____
   _____

3. 하나님의 부흥을 경험한다면 삶 속에서 제일 먼저 무엇이 변하리라 생각하십니까?
   _____
   _____
   _____

한 주간의 기도 제목

나 _____
가정 _____
교회 _____

제41과
너희의 행위를 살필지니라
성경: 학 1:1-15절 / 찬송: 251장

"그러므로 이제 만군의 여호와가 이같이 말하노니 너희는 너희의 행위를 살필지니라"(5절)

바벨론 포로지에서 70여 년 만에 예루살렘으로 귀환한 이스라엘 백성들이 하나님의 성전(聖殿)을 다시 짓고자 했을 때의 처음 열정은 대단한 것이었습니다. 그러나 시간이 갈수록 성전 재건에 대한 비용이 증가되고, 또 성전 재건을 방해하는 대적들의 방해가 심해지자 성전 재건에 대한 열정도 또 용기도 잃어갔습니다. 결국 그렇게 16년이라는 세월을 성전 재건은 이루지도 못한 채 흘려보내고 말았습니다.

그러한 때에 하나님께서 선지자 학개를 보내어 이렇게 말씀하셨습니다.

"이 성전이 황폐하였거늘 너희가 이때에 판벽한 집에 거주하는 것이 옳으냐 그러므로 이제 만군의 여호와가 이같이 말하노니 너희는 너희의 행위를 살필지니라"(1:4~5)

이스라엘 백성들은 성전을 재건하지 못하는 이유를 경제적 어려움과 사마리아 사람들의 방해 때문이라고 했습니다. 그러나 하나님께서 보시기에 그것은 단지 표면적 문제일 뿐이며 정작 중요한 것은 이스라엘 백성들이 가지고 있는 마음의 태도였습니다. 왜냐하면 이스라엘 백성들은 여러 가지 핑계를 대며 성전 건축을 회피해 온 16여 년 동안 자신들의 개인 재산을 축적하는 일에는 빠르게 움직였기 때문입니다.

그렇기에 하나님께서는 선지자 학개를 통하여 이렇게 말씀하셨습니다.

"너희는 산에 올라가서 나무를 가져다가 성전을 건축하라 그리하면 내가 그것으로 말미암아 기뻐하고 또 영광을 얻으리라 여호와가 말하였느니라"(8절)

감사하게도 이스라엘 백성들은 학개 선지자를 통하여 선포된 하나님의 말씀에 순종하였습니다. 성전 건축을 재개한 것입니다. 그 모습을 보시며 하나님께서 이렇게 말씀하셨습니다.

"은도 내 것이요 금도 내 것이니라 만군의 여호와의 말이니라 이 성전의 나중 영광이 이전 영광보다 크리라 만군의 여호와의 말이니라 내가 이 곳에 평강을 주리라 만군의 여호와의 말이니라"(2:8~9)

세상의 모든 것이 다 하나님께서 만드신 것이기에 하나님의 것입니다. 그렇기에 하나님께서는 은으로든 금으로든 얼마든지 이스라엘 백성들의 필요를 채우실 수 있는 분입니다. 그 하나님께서 성전 건축을 재개하라고 말씀하셨을 때는 그 모든 필요를 책임지실 것이기 때문입니다. 결국 마음만 올바르게 가지면 모든 필요를 채우시며 일을 이루어 가시는 분은 하나님이심을 알아야 합니다.

하나님의 말씀을 따라 순종함으로 성전 건축을 재개했을 때 하나님께서는 이제 새롭게 재건될 성전의 영광이 이전에 솔로몬 왕이 온갖 것으로 화려하게 건축했던 성전 때보다 더 클 것이라고 말씀하셨습니다. 그 이유는 이스라엘 백성들의 순종을 기쁘시게 받으신 하나님께서 새로 지은 성전과 함께하실 것이기 때문입니다.

주위 환경과 형편만을 바라보며 불순종할 온갖 이유를 찾기 이전에 임마누엘 하나님께서 어떻게 우리를 사랑하시며 함께하시는지에 집중했으면 좋겠습니다. 그 한 가지 이유만으로도 우리는 얼마든지 순종할 수 있습니다. 그리고 우리가 순종의 첫 발을 내딛을 때 모든 일은 하나님께서 이루어 가실 것을 믿으시기 바랍니다.

함께 나누기

1. 오늘 본문 중에서 가장 인상적인 말씀은 무엇이며 왜 그렇게 생각하는지를 나누어 봅시다.

   _____
   _____
   _____

2. 순종을 어렵게 느끼는 이유를 생각해 봅시다. 정말 환경과 형편의 문제일까요?

   _____
   _____
   _____

3. 일을 이루어 가시는 하나님을 경험한 적이 있다면 나누어 봅시다.

   _____
   _____
   _____

한 주간의 기도 제목

나 _____
가정 _____
교회 _____

제42과
주의 일을 수년 내에 부흥케 하옵소서

성경: 합 3:1-19절 / 찬송: 338장

"여호와여 내가 주께 대한 소문을 듣고 놀랐나이다 여호와여 주는 주의 일을 이 수년 내에 부흥하게 하옵소서 이 수년 내에 나타내시옵소서 진노 중에라도 긍휼을 잊지 마옵소서"(2절)

남왕국 유다의 열여섯 번째 왕이었던 요시야 왕이 애굽과의 전투에서 전사(戰死)한 이후 남왕국 유다는 급격히 쇠퇴의 길을 걷게 됩니다. 요시야 왕의 뒤를 이어 그의 아들 여호아하스가 왕이 되었으나 애굽에 의하여 강제로 폐위되고 여호야김이 왕으로 옹립되었는데 이렇게 혼란한 시기에도 권력자들은 하나님을 섬기며 올바른 정치를 하기보다는 하나님을 멀리하며 백성들을 압제하였습니다.

이러한 상황 속에서 하박국 선지자가 하나님께 두 가지 질문으로 부르짖습니다.

첫 번째 질문은 하나님께서는 왜 남왕국 유다에서 불법과 불의를 행하는 자들을 그대로 두고 보시며 핍박당하는 자들을 구원하지 않으시냐는 것입니다(1:2~4). 이 질문에 대한 대답으로 하나님께서는 갈대아 사람(바벨론)을 일으켜 예루살렘을 멸망시키겠다고 말씀하셨습니다(1:5~11).

하나님의 대답을 듣고 놀란 하박국 선지자가 두 번째 질문을 합니다. 하박국 선지자의 두 번째 질문은 어떻게 악인(이방인, 바벨론)이 자기보다 의로운 사람(선택받은 백성인 유다)을 치는 것이 옳으냐는 것입니다

(1:12~17). 이 질문에 대한 대답으로 하나님께서 이렇게 말씀하셨습니다.

"보라 그의 마음은 교만하며 그 속에서 정직하지 못하나 의인은 그의 믿음으로 말미암아 살리라"(2:4)

이는 바벨론이 남왕국 유다를 향한 하나님의 심판의 도구가 되어 잠시 쓰임을 받겠지만 그들도 마음이 교만하고 정직하지 못하기에 그 죗값을 반드시 치르게 될 것이라는 말씀입니다. 또한 이러한 복잡하고 이해하지 못할 시대에도 의인은 하나님께서 모든 것을 해결하고 이루실 것이라는 믿음 안에서 살아야 함을 강조하고 있는 것입니다.

하나님의 답변을 들은 하박국 선지자가 이렇게 기도합니다.

"여호와여 내가 주께 대한 소문을 듣고 놀랐나이다 여호와여 주는 주의 일을 이 수년 내에 부흥하게 하옵소서 이 수년 내에 나타내시옵소서 진노 중에라도 긍휼을 잊지 마옵소서"(3:2)

이는 하나님의 심판과 구원의 계획을 들은 하박국 선지자가 겸손히 순복(順服)하는 가운데 남왕국 유다를 향한 하나님의 긍휼을 구하고 있는 것입니다.

그러면서 하박국 선지자는 놀라운 일을 행하실 하나님을 굳게 믿고 의지하며 이렇게 찬양합니다.

"비록 무화과나무가 무성하지 못하며 포도나무에 열매가 없으며 감람나무에 소출이 없으며 밭에 먹을 것이 없으며 우리에 양이 없으며 외양간에 소가 없을지라도 나는 여호와로 말미암아 즐거워하며 나의 구원의 하나님으로 말미암아 기뻐하리로다 주 여호와는 나의 힘이시라 나의 발을 사슴과 같게 하사 나를 나의 높은 곳으로 다니게 하시리로다"(3:17~19)

하나님을 온전히 신뢰하지 못한다면 현실에서 겪는 일들로 인하여 소망을 품을 수 없을 것입니다. 하박국 선지자는 남왕국 유다의 멸망을 앞둔 암담한 상황 속에서도 하나님을 믿기에 마음 한 구석에 소망을 품습니다.

하박국 선지자는 자신이 주목해야 할 것이 있다면 있다가도 없어질 것들이 아닌 영원하신 하나님 한 분밖에 없음을 고백하고 있습니다. 그리고 그것이면 됩니다. 아무것도 없는 것 같아도 하나님을 마음에 품었다면 모든 것을 가진 것과 같습니다.

그렇기에 삶의 어떤 순간에도 하나님 한 분만으로 만족해하며 감사할 수 있는 믿음이 있기를 소망합니다.

함께 나누기

1. 오늘 본문 중에서 가장 인상적인 말씀은 무엇이며 왜 그렇게 생각하는지를 나누어 봅시다.
   _____
   _____
   _____

2. 삶의 곤고한 순간 하나님 한 분을 기억함으로 용기를 냈던 적이 있다면 나누어 봅시다.
   _____
   _____
   _____

3. 의인이 믿음으로 산다는 것은 무엇을 말하는 것일까요?
   _____
   _____
   _____

한 주간의 기도 제목

나 _____
가정 _____
교회 _____

제43과
영생하도록 솟아나는 샘물
성경: 요 4:1-42절 / 찬송: 260장

"예수께서 대답하여 이르시되 이 물을 마시는 자마다 다시 목마르려니와 내가 주는 물을 마시는 자는 영원히 목마르지 아니하리니 내가 주는 물은 그 속에서 영생하도록 솟아나는 샘물이 되리라"(13~14절)

　예수님 당시 일반적으로 남쪽 유대인들이 북쪽 갈릴리로 여행한다고 했을 때 중간에 사마리아 지방에 다다르면 멀더라도 동쪽 요단강을 건너 베레아 지방으로 돌아서 다녔습니다. 그만큼 사마리아 땅과 사람들을 불결하게 여겼던 것입니다. 이는 오랜 역사에서 기인한 것으로 B. C. 722년 북왕국 이스라엘이 앗수르에 멸망당했을 때 사마리아인들의 육체와 하나님을 믿는 신앙이 앗수르에 의하여 더럽혀졌다고 생각을 하는 것입니다.

　그런데 성경은 예수님께서 유대에서 북쪽 갈릴리로 가시려 할 때 이러한 유대인들의 관습에 따르지 않고 그대로 사마리아를 거쳐서 가셨다고 말하고 있습니다(4:4). 왜 그러셨을까요?

　예수님께서 사마리아 수가라 하는 동네에서 우물곁에 앉으셔서 물을 길러 온 사마리아 여인에게 '물을 좀 달라(4:7)'고 말을 건네셨습니다. 먼저 말을 건네고 대화를 시작하신 분이 예수님이셨습니다. 그리고 이것은 유대인들이 사마리아인을 불결하게 생각하던 관습에 비추어 볼 때 대단히 놀랄만한 일이었습니다. 그랬기에 사마리아 여인도 놀라며 반문합니다.

"당신은 유대인으로서 어찌하여 사마리아 여자인 나에게 물을 달라 하나이까"(9절)

그리고 이렇게 시작된 대화를 통해 예수님께서는 이 여인을 비롯하여 오랫동안 유대인들로부터 소외(疏外)와 배척(排斥)을 당했던 사마리아인들이 꼭 들어야 할 말씀을 전하셨습니다.

"이 물을 마시는 자마다 다시 목마르려니와 내가 주는 물을 마시는 자는 영원히 목마르지 아니하리니 내가 주는 물은 그 속에서 영생하도록 솟아나는 샘물이 되리라"(13~14절)

예수님의 이 말씀은 오래전 이사야 선지자가 전한 하나님의 말씀을 떠오르게 합니다.

"오호라 너희 모든 목마른 자들아 물로 나아오라 돈 없는 자도 오라 너희는 와서 사 먹되 돈 없이, 값없이 와서 포도주와 젖을 사라"(사 55:1)

이사야 선지자를 통하여 전해진 하나님의 말씀은 메시아를 통해 이루어질 구원에 대한 적극적인 초청장입니다.

그리고 이제 바로 그 메시아인 예수님께서 영원히 솟아나는 샘물을 약속하며 사마리아 여인을 구원으로 초청하고 있는 것입니다. 이 후 사마리아 여인과 대화를 이어가시던 예수님께서는 당신께서 메시아 곧 그리스도이심을 직접적으로 말씀하셨습니다.

"네게 말하는 내가 그라"(26절)

예수님의 구원으로 인도하는 초청을 받아들여 영원히 솟아나는 샘물을 마시게 된 사마리아 여인의 다음 행동이 놀랍습니다.

"여자가 물동이를 버려두고 동네로 들어가서 사람들에게 이르되 내가 행한 모든 일을 내게 말한 사람을 와서 보라 이는 그리스도가 아니냐 하니"(28~29절)

사마리아 여인은 예수님을 만남으로 얻게 된 구원의 기쁨을 전하는데 주저함이 없었습니다. 그만큼 그 기쁨이 컸던 것입니다. 그 후 이 여인으로 시작하여 많은 사마리아인들이 예수님을 믿게 되었습니다(4:39~42).

예수님은 사마리아 땅과 사람들을 대상으로 한 유대인들의 구태의연(舊態依然)한 관습을 지키지 않아 다른 유대인들로부터 손가락질을 당하더라도 한 영혼을 구원하는 그 일을 포기할 수 없으셨습니다. 구원의 길로 인도해야 할 영혼들이 있기에 기꺼이 사마리아로 들어가셨습니다. 그 마음이 감사하고 귀합니다.

예수님의 그 마음으로 인하여 오늘 죄 많은 우리도 하나님의 자녀로 불리는 은혜를 누립니다. 그 귀한 예수님의 마음을 깊이 되새겨보는 하루하루가 되기를 바랍니다.

함께 나누기

1. 오늘 본문 중에서 가장 인상적인 말씀은 무엇이며 왜 그렇게 생각하는지를 나누어 봅시다.

   _____
   _____
   _____

2. 한 영혼을 구원하기 위해 열정을 다해 헌신했던 경험이 있다면 나누어 봅시다.

   _____
   _____
   _____

3. 처음 예수님을 알게 되었을 때 어떤 마음이었습니까?

   _____
   _____
   _____
   _____

한 주간의 기도 제목

나 _____
가정 _____
교회 _____

제44과
다른 복음은 없나니

성경: 갈 1:6-10절 / 찬송: 267장

"다른 복음은 없나니 다만 어떤 사람들이 너희를 교란하여 그리스도의 복음을 변하게 하려 함이라"(7절)

사도 바울이 갈라디아 지역을 다니며 복음을 전했던 것은 제1차 선교여행 때였습니다(행 13~15장). 처음으로 떠난 선교여행에서 사도 바울은 복음을 반대하는 유대인들로 말미암아 많은 고초를 겪었습니다. 그럼에도 사도 바울은 이에 굴하지 아니하고 복음을 전해야 한다는 사명감과 열정으로 견디고 이겨내며 교회를 세워갔습니다.

그런데 이후 들려오는 소식은 사도 바울을 의아하게 만들었습니다. 사도 바울이 이렇게 말합니다.

"그리스도의 은혜로 너희를 부르신 이를 이같이 속히 떠나 다른 복음을 따르는 것을 내가 이상하게 여기노라"(1:6)

사도 바울이 말하는 '다른 복음'은 예수 그리스도로 말미암은 복음이 아닌 율법 조문을 강조하는 가운데 행함을 중시 여기는 유대주의와 혼합된 복음을 말합니다. 당시 교회 안에 예수를 믿는다고 말은 하면서도 할례를 비롯한 율법을 지켜야 구원받을 수 있다고 주장하는 거짓 교사들이 가만히 들어와 이방인 성도들을 혼란스럽게 만들었습니다.

이에 사도 바울은 분명한 가르침으로 복음을 다시금 강조하며 설명합니다.

"사람이 의롭게 되는 것은 율법의 행위로 말미암음이 아니요 오직 예수 그리스도를 믿음으로 말미암는 줄 알므로 우리도 그리스도 예수를 믿나니 이는 우리가 율법의 행위로써가 아니고 그리스도를 믿음으로써 의롭다 함을 얻으려 함이라 율법의 행위로써는 의롭다 함을 얻을 육체가 없느니라"(2:16~17)

우리는 우리의 어떤 행위나 공로(功勞)가 아니라 우리를 죄 가운데에서 구원하시고자 우리를 대신하여 십자가에서 피 흘리신 예수 그리스도를 믿는 믿음으로 의롭다 하심을 얻어 구원을 받습니다. 분명 사도 바울은 처음 갈라디아 지역에서 복음을 전할 때 이것을 가르쳤고 갈라디아 교인들도 이 복음을 듣고 예수 믿기로 작정했을 것인데도 시간이 지나자 변질되어 갔습니다.

왜 이런 일이 벌어집니까? 거짓 교사들의 유혹 때문이기도 하겠지만 이는 눈에 보이는 것과 손에 만져지는 것을 통해 스스로의 만족을 구하는 우리의 연약한 심성과 믿음 때문이기도 합니다. 사람들은 끊임없이 눈에 보이지 않는 하나님을 눈에 보이는 우상으로 대체하려고 시도합니다. 또 스스로의 행위를 통해서 자신이 얼마나 선한 존재인지를 드러내 보이려고 합니다. 이러한 행동을 통하여 자신의 연약함과 결핍을 가리고 자신의 삶을 자신이 주도하거나 통제하고 있다고 주장하고 싶기 때문입니다. 그러나 이는 어리석은 일입니다.

하나님 앞에서 자신의 연약함과 결핍을 인정하지 못하여 자기 잘난 맛에 사는 사람은 하나님께서 예수 그리스도의 십자가로 베푸신 은혜를 깊이 경험할 수 없습니다.

사도 바울의 고백을 들어보십시오.

"내가 그리스도와 함께 십자가에 못 박혔나니 그런즉 이제는 내가 사는 것이 아니요 오직 내 안에 그리스도께서 사시는 것이라 이제 내가 육체 가운데 사는 것은 나를 사랑하사 나를 위하여 자기 자신을 버리신 하나님의 아들을 믿는 믿음 안에서 사는 것이라"(2:20)

이는 예수 그리스도의 사랑과 은혜를 깊이 경험한 사람만이 할 수 있는 고백입니다.

하나님 앞에서 모든 연약함과 결핍을 내어놓고 겸손히 은혜를 구할 수 있기를 바랍니다.

함께 나누기

1. 오늘 본문 중에서 가장 인상적인 말씀은 무엇이며 왜 그렇게 생각하는지를 나누어 봅시다.

2. 은혜 아니면 살아갈 수가 없다고 노래를 하면서도 번번이 하나님의 은혜를 잊고 자신의 힘과 노력으로 살아가게 되는 이유는 무엇일까요?

3. '오직 내 안에 그리스도께서 사시는 것이라'는 사도 바울의 고백이 자신의 고백이 되고 있는지요?

한 주간의 기도 제목

나 _____
가정 _____
교회 _____

11월

◆

제45과 성령의 능력
제46과 사랑하게 하시는 성령
제47과 감사 굳히기
제48과 성령이 임하면

제45과
성령의 능력
성경: 행 1:8절 / 찬송: 182장

"오직 성령이 너희에게 임하시면 너희가 권능을 받고 예루살렘과 온 유대와 사마리아와 땅끝까지 이르러 내 증인이 되리라 하시니라"(8절)

성경은 예수를 믿는 모든 사람들 마음에 성령이 계신다고 말씀합니다.

"성령으로 아니하고는 누구든지 예수를 주시라 할 수 없느니라"(고전12:3)

우리가 예수를 구주로 믿는 것은 바로 내 안에 성령이 역사하시기 때문입니다. 그 성령이 임하면 사람들마다 권능, 즉 능력과 힘이 생긴다고 말씀합니다. 그렇다면 성령이 임하면 얻게 되는 능력은 무엇일까요?

첫째, 성령의 능력은 예수를 잘 믿게 합니다

사도행전 1장 8절 말씀은 예수님이 부활하시고 하늘로 승천하시면서 주신 말씀입니다. 그런데 이 말씀을 주실 당시의 제자들이나 신자들의 모습은 부활하신 예수님을 잘 믿고 신앙생활을 잘하는 상태는 아니었습니다. 베드로는 부활하신 예수님을 만나고도 다른 제자들과 함께 예루살렘에서 100Km나 떨어져 있는 갈릴리 바다로 고기를 잡으로 갈 정도였습니다. 예수님의 승천을 봤어도 모두 다 성령의 임재를 기다리는 것은 아니었습니다. 하지만 사도행전 2장 이후를 보면 성령을 받는 사도들과 성도들이 예루살렘 교회의 기둥과 같은 일꾼들이 되어 정말로 예수님을 위해 헌신하는 것을 보게 됩니다.

누구는 예수 잘 믿는 것이 무슨 능력이냐고 말할지도 모릅니다. 그러나 죄와 허물로 죽은 우리, 욕심과 이기심과 감정이 앞서는 우리, 늘 물질과 세상을 향해 마음이 열려있는 우리, 그 우리들이 예수님을 바라보고 예수님만 의지하면 예수님을 따라가는 것, 그것이야말로 진짜 믿는자에게 필요한 능력 아닐까요? 예수님을 잘 믿는 것이 성도의 힘이며, 권능이며, 능력입니다. 이렇게 성령님은 우리에게 능력을 주어 우리로 하여금 예수님을 잘 믿게 합니다.

둘째, 성령의 능력은 고난을 이기게 합니다

사도행전 4장을 보면 성령 받고 전도하는 베드로를 유대 당국이 체포를 합니다. 처음에는 체포했다가 바로 풀어주지만 사도행전 5장을 보면 감옥에 가둡니다. 그 핍박이 점점 심해지는데 사도행전 7장을 보니 스데반이 돌에 맞아 죽습니다. 사도행전 8장에서는 헤롯이 복음을 전하는 사람들을 강력하게 핍박하여 사도 야고보가 죽습니다.

로마의 본격적인 핍박이 시작되면서 예수님을 믿는 것 자체가 목숨을 거는 일이 되었습니다. 예수님을 믿는 것은 목숨을 내어놓은 일이었습니다. 하지만 이런 상황 속에서도 제자들의 전도를 막지 못하였습니다. 왜냐하면 그들은 성령 충만했기 때문입니다.

사도행전 20장 24절에서 사도 바울은 이렇게 고백합니다.

"내가 달려갈 길과 주 예수께 받은 사명 곧 하나님의 은혜의 복음을 증언하는 일을 마치려 함에는 나의 생명조차 조금도 귀한 것으로 여기지 아니하노라"

믿음 때문에 내가 고난을 당한다면 그 고난은 가치가 있는 것입니다. 그 누구도 몰라도 주님은 아시기 때문입니다. 그런데 이 고난을 이기도록 성령께서는 우리에게 힘을 주십니다. 내게 나타나는 성령의 진짜 능력은 무엇입니까? 나로 하여금 베드로처럼 바울처럼 믿음 때문에 당하는 고난을 이기게 하는 것임을 우리는 알아야 합니다.

셋째, 성령의 능력은 말씀에 순종하게 합니다

성령이 임하고 능력이 임하자 제자들이 제일 먼저 한 일이 복음을 전한 것입니다. 다른 언어로 그곳에 모여든 외국사람들에게 복음을 전하였습니다. 사도행전 2장 14줄에서 베드로는 소리 높여서 유대인들과 예루살렘 사람들에게 예수 그리스도를 증거하였습니다. 성령의 능력이 임하자 이들은 순종할 수 없는 일에, 순종하는 능력이 생긴 것입니다. 많은 성도들이 예수님을 믿으면서도 순종을 못할때가 많습니다. 예수님을 믿는다고 하지만, 믿음에 따라 순종하라고 하면 못합니다. 안합니다. 왜 그렇습니까? 자기 안에 자기가 살아 있기 때문입니다.

그러나 갈라디아서 5장 24절은 이렇게 말합니다.

"그리스도 예수의 사람들은 육체와 함께 그 정욕과 탐심을 십자가에 못 박았느니라"

예수의 사람들, 그들이 누구입니까? 바로 성령의 능력으로 사는 사람들입니다. 그 성령의 능력이 말씀에 순종하게 하여 주님의 기쁨이 되게 하는 줄로 믿습니다.

함께 나누기

1. 당신 안에 성령님이 계십니까? 그 증거가 무엇입니까?
   _____
   _____
   _____
   _____

2. 성령의 능력은 무엇입니까?
   _____
   _____
   _____
   _____

3. 당신에게 가장 필요한 성령의 능력은 무엇입니까?
   _____
   _____
   _____
   _____

한 주간의 기도 제목

나 _____
가정 _____
교회 _____

제46과
사랑하게 하시는 성령
성경: 고전 13:1-3절 / 찬송: 220장

"내가 내게 있는 모든 것으로 구제하고 또 내 몸을 불사르게 내줄지라도 사랑이 없으면 내게 아무 유익이 없느니라"(3절)

고린도전서 13장은 유명한 사랑장입니다. 많은 그리스도인들이 고린도전서 13장을 읽으면서 나도 이렇게 사랑해야겠다고 다짐합니다. 그런데 실제로 사랑하는 것이 잘 안 됩니다. 이해하고 용서하고 오래 참기보다는 비난하고 보복하는 것이 더욱 쉽습니다. 그래도 우리는 사랑하며 살아야 합니다. 사랑하며 사는 것은 주님의 명령입니다. 사랑하지 않는 것은 죄를 짓는 것입니다. 그렇다면 우리는 어떻게 하면 더욱 사랑할 수 있을까요?

첫째, 온전한 사랑은 내 의지로 안 됨을 인정해야 합니다

사도 바울은 고린도교회에 편지를 보내면서 사랑할 것을 강력하게 요청합니다. 사실 고린도교회는 은혜가 있고 은사가 충만한 교회였습니다. 또한 고린도 지역은 무역을 해서 부자들이 많았기에 고린도교회에도 부자들이 있어서 물질적으로 부족함이 없는 교회였습니다.

그런데 이런 장점이 있는 반면에 고린도교회는 바울파, 아볼로파, 게바파, 그리스도파 등 이렇게 파당이 심한 교회였습니다. 파당이 있었고 사람들은 파당을 중심으로 서로 다투었습니다. 이상하지 않습니까? 구원을 받았고 은사를 받았습니다. 그런데 서로 파당을 나누어 싸웁니다. 그 이유가 무엇입니까? 바로 자기 의 때문입니다. 우리를 예수 믿게 하신 분은 성령이십니다. 또 은사를 주신 분도 성령이십니다. 성령께서 각 사람에게 은사를 주신 이유는 개인과 교회를 유익하기 위함입니다.

그런데 고린도교회 사람들은 그것을 가지고 다툽니다. 자기가 잘나서, 자기가 기도해서, 자기가 예수 믿어서 구원받고 은사를 받았다고 생각하였습니다. 이처럼 자기 의를 나타내니 서로 다투고 사랑할 수 없는 것입니다. 그렇습니다. 내 안에 주님이 아니라 내가 살아있으면 이렇게 되는 것입니다. 사랑도 마찬가지입니다. 내가 내 의지로, 내 방법으로 사랑하면 결국 안 됩니다. 처음에는 사랑은 할 수 있겠지만, 끝까지 사랑할 수 없습니다. 그렇기에 우리는 온전한 사랑은 내 의지로 안 됨을 인정해야 합니다.

둘째, 온전한 사랑은 성령의 은사입니다

그렇다면 우리는 정말로 사랑할 수 없는 존재입니까? 아닙니다. 사랑하지 못하는 우리에게 성경은 우리도 사랑할 수 있다고 합니다. 오늘 본문 이후를 보면 우리도 오래 참고 친절하며 질투하지 않고 자랑하지 않으며 잘난체하지 않을 수 있다고 합니다. 또 무례한 행동을 하지 않고 이기적이거나 성내지 않으며 악한 것을 생각하지 아니하고 불의를 기뻐하지 않고 진리와 함께 기뻐하며 모든 것을 참으며 모든 것을 믿으며 모든 것을 바라고 모든 것을 견딜 수 있다고 합니다.

그런데 이건 하나님이 주시는 은혜로만 가능합니다. 내 의지로는 안 됩니다. 이 모든 것은 성령의 은사를 받을 때 가능해집니다. 그러면 성령의 이 은사는 어떤 은사일까요? 바로 사랑의 은사입니다.

사랑의 은사를 받으면 끝까지 사랑할 수 있습니다. 내 의지로는 끝까지 사랑할 수 없지만, 사랑하게 하시는 성령으로 말미암아 우리는 온전히 사랑할 수 있습니다. 여러분 온전한 사랑은 성령으로만 말미암아 되어짐을 기억하길 바랍니다.

셋째, 그렇기에 우리는 성령의 은사인 사랑을 구해야 합니다

고린도전서 12장 31절은 이렇게 말합니다.

"너희는 더욱 큰 은사를 사모하라 내가 또한 가장 좋은 길을 너희에게 보이리라"

더 큰 은사란 바로 사랑의 은사입니다. 사랑의 은사를 사모하라는 것입니다. 예수님은 누가복음 11장 9~10절에서 구하라, 찾으라, 두드리라고 말씀하셨습니다. 그러면 주시고, 찾고, 열릴 것이라고 합니다. 그래서 성령의 은사인 사랑을 구해야 합니다. 그 주어지는 사랑으로 말미암아 우리는 주님이 기뻐하시는 참된 사랑을 할 수 있습니다.

사랑의 은사가 없어도 우리는 사랑할 수 있습니다. 그러나 그 사랑은 자꾸 변하기 마련입니다. 흔들립니다. 왜 그렇습니까? 내 중심적이기 때문입니다. 그래서 사랑하는 것처럼 보이다가도 그 사랑이 자기 이익과 충돌을 하면 자기 생각, 자기 이익을 따라가 버립니다. 이것은 주님이 기뻐하시는 온전한 사랑이라고 말할 수 없습니다. 참된 사랑이라 말할 수 없습니다.

그러니 이제 성령을 구합시다. 사랑의 은사를 구합시다. 그래서 사랑하게 하시는 성령의 힘으로 살아가기를 바랍니다.

함께 나누기

1. 당신은 사랑하다가 포기한 적이 있습니까?
   _____
   _____
   _____
   _____

2. 왜 포기하게 되었습니까?
   _____
   _____
   _____
   _____

3. 우리는 성령의 은사인 사랑을 구해야 합니다. 당신이 지금 사랑
   할 대상이 누구입니까?
   _____
   _____
   _____

한 주간의 기도 제목

나 _____
가정 _____
교회 _____

제47과
감사 굳히기
성경: 눅 17:11-19절 / 찬송: 428장

"이 이방인 외에는 하나님께 영광을 돌리러 돌아온 자가 없느냐 하시고"(18절)

유도에는 여러 가지 기술이 있습니다. 그 중에 경기중에 굳히기라는 기술이 들어가면 승리에 가까워집니다.

우리는 추수감사주일에 하나님께 감사하며 모였습니다. 이런 은혜의 자리 속에 우리의 감사의 힘은 얼마나 있습니까? 감사가 내 삶에 미치는 영향은 어느 정도입니까? 분명한 것은 감사는 신앙의 중요한 덕목입니다. 예수님도 우리에게 범사에 감사하라고 말씀하셨습니다. 그렇기에 오늘 우리의 삶에 감사의 굳히기 기술이 들어가길 바랍니다.

첫째, 감사는 시작입니다

우리는 일이 마무리되고 끝이 난 후에 그 결과를 보고 감사해야 한다고 생각합니다. 한 마디로, 성공을 확인해야 감사할 수 있습니다. 그러나 하나님의 말씀은 그렇게 말씀하지 않습니다. 성경은 여러 곳에서 감사는 결과가 아닌 동기이며, 끝이 아니라 시작이라고 말씀하십니다. 그렇기에 시편 50편 23절은 이렇게 말합니다.

"감사로 제사를 드리는 자가 나를 영화롭게 하나니 그의 행위를 옳게 하는 자에게 내가 하나님의 구원을 보이리라"

구원을 받았기 때문에 감사하는 것이 아니라, 감사로 제사를 드리는 자에게 하나님께서 구원을 보여주신다는 것입니다. 누구든지 감사만 하면 구원해주십니다. 하나님의 역사가 마무리가 되었기 때문에 감사하는 것이 아니라, 감사함으로써 하나님의 역사, 일하심이 시작됩니다. 그래서 우리는 모든 일에 감사해야 합니다.

예수님이 예루살렘으로 가실 때, 사마리아 지역과 갈릴리 지역 사이로 지나가게 됩니다. 거기서 문둥병에 걸린 열 명의 사람을 만나게 됩니다. 그리고 불쌍히 여겨 달라는 저들의 소리에 예수님은 제사장들에게 가서 너희 몸을 보이라고 말씀하십니다. 그런데 놀랍게도 제사장들에게 보이러 가는 도중에 나음을 받습니다. 그렇다면 어떻게 해야 합니까? 제사장에게 확인을 받고 와서 예수님을 찾아가 감사를 드리는 것이 옳을까요? 도중에라도 돌아와서 예수님께 감사드리는 것이 옳습니까? 정답은 후자입니다. 도중에라도 와서 감사를 드리고 갔어야 합니다.

감사는 결과에 대한 신앙의 자세가 아닙니다. 나를 사랑하는 하나님에 대한 늘 가져야 하는 기본이며, 습관적인 자세입니다. 그렇기에 늘 감사합시다. 감사는 끝이 아니라 시작입니다.

둘째, 감사는 반드시 해야 합니다

예수님께 돌아와 발아래에 엎드리어 감사를 드린 사람은 단 한 명이었습니다. 예수님은 그에게 일어나 가라고 명하셨습니다. 그리고 네 믿음이 너를 구원하였다고 말씀하십니다.

감사를 드리러 돌아온 자는 열 명 중의 하나, 10%에 불과합니다. 그것도 작은 일이 아니라, 평생을 짊어지고 고통 받아야 하는 문둥병이 나은 것입니다. 그럼에도 감사율이 너무나도 저조합니다.

우리는 어떻게 문둥병이 낫고서도 감사하지 않을 수 있냐고 판단할 수 있습니다. 하지만 이것이 감사에 대한 우리의 실상을 보여줍니다.

감사는 반드시 해야 하는 것입니다. 그러나 우리가 하나님께 감사하고 있는 것은 마땅히 감사해야 할 분량의 10분의 1도 되지 않는다는 생각이 들지 않습니까?

하나님께서 우리에게 말씀하시는 감사의 기준은 범사입니다. 모든 일에 감사하는 것입니다. 우리는 하나님 앞에 반드시 해야 할 감사를 너무나 하지 못하고 살아왔습니다.

감사는 해도 되고, 하지 않아도 되는 것이 아닙니다. 감사는 반드시 해야 하는 것이고, 의무적으로 마음도 없이 하는 것도 아니고, 뜨거운 마음으로 열심히 해야 합니다.

이 좋은 수확의 계절에 하나님께서는 감사를 명하셨습니다. 감사를 굳혀야 합니다. 우리 중심 마음판에 새겨야 합니다.

감사는 끝이 아니라 시작임을 기억하고 늘 기쁨으로 반드시 감사하길 바랍니다. 그리고 구원을 보여주겠다는 하나님의 약속을 믿고 우리 모두가 감사의 자녀가 되기를 바랍니다.

함께 나누기

1. 당신은 오늘 하루 얼마나 감사했습니까?
   _____
   _____
   _____
   _____

2. 당신은 감사의 풍성함이 있습니까?
   _____
   _____
   _____
   _____

3. 감사는 모든 것의 시작입니다. 반드시 해야 합니다. 앞으로 어떤 모습으로 감사하겠습니까?
   _____
   _____
   _____

한 주간의 기도 제목

나 _____
가정 _____
교회 _____

제48과
성령이 임하면
성경: 행 2:1-4절 / 찬송: 191장

"그들이 다 성령의 충만함을 받고 성령이 말하게 하심을 따라 다른 언어들로 말하기를 시작하니라여"(4절)

마귀는 언제나 우리에게 다른 일 생각하지 말고 네가 필요한 일을 하라고 합니다. 그러나 성령은 우리에게 하나님의 뜻을 생각하라고 하십니다.

오늘 본문은 오순절에 일어났던 성령의 강림 사건을 기록하고 있습니다. 성령이 임하므로 믿는 사람들과 교회와 세상에 놀라운 일이 일어납니다. 제자들의 삶이, 믿는 사람들의 삶이 완전히 달라졌습니다. 자기를 생각하는 마음에서 주님을 생각하는 마음으로, 세상을 생각하던 마음에서 교회를 생각하는 마음으로, 물질을 생각하던 마음에서 이웃을 생각하는 마음으로 바뀌었습니다. 사람이 바뀐다는 것이 얼마나 어렵습니까? 그런데 성령이 임하자 변화되었습니다. 그러면 어떻게 바뀌었습니까?

첫째, 성령이 임하니 전도를 합니다

사도행전 2장 4절을 보면 사람들이 성령을 받고 방언을 합니다. 그리고 5절 이후를 보면 그 방언으로 여러 나라 사람들에게 전도를 합니다. 그 당시의 방언은 사람들끼리 통하는 언어였습니다.

이렇게 언어가 통하자 제자들이 복음을 전했습니다. 사도행전 2장 38절에서 베드로는 다음과 같이 선포했습니다.

"베드로가 이르되 너희가 회개하여 각각 예수 그리스도의 이름으로 세례를 받고 죄 사함을 받으라 그리하면 성령의 선물을 받으리니"

예수 믿고 죄사함 받으라, 구원받으라고 합니다. 베드로는 처음부터 그런 사람이 아니었습니다. 예수님께서 잡히신 후부터 베드로는 겁을 먹고 예수님을 부인하던 자였습니다. 예수님께서 십자가에 달려 돌아가신 후에는 숨어서 지내던 자였습니다. 그랬던 베드로가 성령이 임하니 완전히 변했습니다. 누가 시키지도 않았는데 복음 전하러 갑니다. 왜 복음을 전하게 됩니까?

성령이 임하기 전에는 베드로가 수제자였지만 주님의 마음을 몰랐습니다. 그런데 성령이 임하자 주님의 마음을 알게 되었습니다. 왜 주님이 욕을 얻어 먹으면서도 세리와 창기들에게 복음을 전하는지, 왜 그 더운날 사마리아 수가성 여인을 만나러 가시는지, 왜 삭개오의 집에 가시는지 이해가 됩니다. 그러니 나가서 복음을 전할 수밖에 없습니다. 그렇습니다. 성령이 임하면 전도하게 됩니다. 우리 모두 복음을 전하길 바랍니다.

둘째, 성령이 임하니 사람이 세워져 갑니다

성령이 임하자 사람들이 세워지기 시작합니다. 한 사람, 한 사람이 세워져 갑니다. 사도행전 3장을 보면 베드로와 요한이 성전 미문에 앉아 구걸하던 걷지 못하는 거지를 고칩니다.

사도행전 12장을 보면 베드로가 전도하다가 감옥에 갇혔습니다. 그러자 성도들이 베드로를 위해 기도합니다. 이건 성숙하지 않으면 할 수 없는 일입니다. 전도를 하는 것도, 예수를 믿는 것도 핍박을 받던 시대입니다. 그런데도 전도하고 기도한다는 것은 제자들이, 그리고 성도들이 믿음으로 한 사람, 한 사람 세워져 나간다는 증거입니다. 성령이 임하면 성도 한 사람 한 사람이 믿음으로 세워져 갑니다. 그래서 어느 곳에 서든지 어느 자리에 있던지 정말 사명을 다하는 사람이 됩니다. 이것이 성령이 임한 사람에게 주어지는 능력이요 은혜인줄로 아시길 바랍니다.

셋째, 성령이 임하면 교회가 세워집니다

사도행전 2장 43절 이후를 보면 교회가 얼마나 아름답게 세워져 나가는지 알 수 있습니다. 교회가 아름답게 세워지면 이런 일이 생깁니다. 사도행전 2장 47절입니다.

"하나님을 찬미하며 또 온 백성에게 칭송을 받으니 주께서 구원 받는 사람을 날마다 더하게 하시니라"

이렇게 성령이 임하면 교회가 세워지는데 예루살렘교회에 어떻게 성령이 임했을까요? 사도행전 1장 14절을 보니 오로지 기도에 힘썼다고 말씀합니다. 또 성령 받는 이후에도 또 기도에 힘씁니다. 기도하는 교회는 든든히 세워집니다. 교회가 든든히 세워지니 교회로서 사명을 감당하여 구원의 방주가 됩니다. 죽을 영혼을 살려내는 교회가 됩니다.

성령은 특별한 몇 사람만 받는 것이 아닙니다. 주님의 은혜를 사모하며 기도하는 모든 사람에게 성령께서 임하십니다. 성령이 임하면 역사가 일어납니다. 사람이 변화되고 교회가 변화되는 역사가 일어납니다. 이것은 복중의 복입니다. 하나님께는 기쁨입니다. 그렇기에 우리 모두에게 성령이 충만하게 임하기를 바랍니다.

함께 나누기

1. 성령이 임하면 어떤 일들이 일어납니까?
   _____
   _____
   _____
   _____

2. 성령이 임하기 위해서 우리는 무엇을 해야 합니까?
   _____
   _____
   _____
   _____

3. 성령이 임하면 교회가 세워집니다. 교회를 세우기 위해서 나는 무엇을 해야 합니까?
   _____
   _____
   _____

한 주간의 기도 제목

나 _____
가정 _____
교회 _____

12월

◆

제49과 예수님의 계절
제50과 예수
제51과 한 사람을 찾아오신 예수님
제52과 마리아의 아들 예수

제49과
예수님의 계절

성경: 눅 2:21~35절 / 찬송: 122장

"이방을 비추는 빛이요 주의 백성 이스라엘의 영광이니이다 하니"(32절)

대림절은 예수님이 이 땅에 오심을 기뻐하고 재림을 기다리는 기간으로 성탄절을 기준으로 4주전 기간을 말합니다. 우리 인생의 가장 큰 기쁨인 예수님이 이 땅에 오심을 기억하며 이 기간을 준비하길 바랍니다.

우리를 위해 구원자가 오시는 계절, 이 계절을 어떠한 마음으로 기다려야 할까요?

첫째, 대림절은 예수님께서 '오셨음'을 생각해야 합니다

이것은 과거의 사건으로 예수님의 오심을 생각하는 것입니다. 역사적으로 예수님은 이천년 전 이미 이 땅 우리 가운데 오셨습니다. 그래서 이미 오셨던 그 사건을 다시 기억해보아야 합니다. 그저 '예수님이 우리를 위해 오셨구나'라는 스쳐지나가듯 생각하면 대강절의 은혜는 멀어지고 맙니다. 따라서 하나하나 차근차근 예수님께서 이 땅에 오실 때의 그 출발점부터 생각해야 합니다.

예수님은 완전히 자유로우신 분이셨습니다. 거치는 것이 없고, 구속되는 것이 없고, 무엇하나 구애받는 것이 없으셨던 분입니다. 막을 것이 아무것도 없고, 하고 싶으신 일들을 마음대로 하실 수 있는 능력의 주님입니다.

그러나 그분은 모든 것을 포기해야 하고 모든 것을 버려야 하는 순간에 아버지의 곁을 떠나 이 땅에 오셨습니다. 창조주이신 그 분이 인간의 작은 몸으로 들어오셨습니다. 도대체 이 모든 것들이 누구를 위해서 입니까?

대림절은 무엇보다 '누구를 위해서 이 땅에 오셨을까' 이것을 기억해야 합니다. 예수님의 성육신이 우리에게 소중한 것이고, 예수님의 오심의 소중함을 잊지 않기를 바랍니다. 매년 대림의 절기를 가지면서 우리의 마음을 예수님의 사랑에 다져 넣기를 바랍니다.

둘째, 대림절은 예수님께서 '오심'을 생각해야 합니다

이것은 현재의 사건으로 예수님의 오심을 생각해보는 것입니다. 예수님께서 이 땅에 오셨던 사건은 이천 년 전의 사건입니다. 우리를 위해 십자가를 지신 것도 이천 년 전의 사건입니다. 그러나 오늘 현재의 시간 속에서 예수님은 여전히 사람들의 마음 문을 두드리고 계십니다. 또한 믿음으로 믿고 예수님을 나의 구원자로 고백하는 자에게 오시고 계십니다. 이것이 예수님께서 현재로 오시는 사건입니다. 지금 함께하시는 예수님을 믿으십니까? 날마다 삶가운데서 느끼고 계신가요? 대림절은 무엇보다 지금 나와 함께하시는 그 주님의 은혜를 기억해야 합니다.

그리고 이 현재로서의 오심은 계속되어져야 합니다. 이것은 우리의 일입니다. 이미 예수님이 내 안에 오셨음을 경험한 우리들의 사명입니다. 사람들의 심령에 예수님을 모시도록 우리를 깨뜨려 길을 예비해 드려야 합니다.

이것을 전도라고 합니다. 그런데 신앙인들이 가장 어려워하고 고민하는 것이 바로 이 전도입니다. 전도는 쉽게 생각해야 합니다. 내가 예수님의 이름으로 그 사람의 마음 문을 두드렸다면 누구든지 전도에 성공한 것입니다. 그렇기에 대림절 기간 예수님을 모시고 가서 사람들의 마음의 문을 두드려 봅시다. 심령의 문을 두드려 봅시다. '예수님이 당신을 위해 이 땅에 오셨다'고 전하고, 기쁨의 성탄절에 함께 나와 예배할 것을 권해보길 바랍니다.

셋째, 대림절은 예수님께서 '오실 것'을 생각해야 합니다

이것은 미래의 사건으로 예수님의 오실 것을 생각하는 것입니다. 예수님은 이미 이 땅에 오셨다가 다시 하나님 곁으로 돌아가셨습니다. 그러나 분명히 요한복음 14장 2~3절 말씀처럼, 우리에게 다시 오실 것을 약속하셨습니다. 예수님은 우리가 지낼 거처를 준비하러 가셨고, 반드시 다시 오실 것입니다. 그렇기에 다시 오실 주님을 기다리는 것이 우리의 소망입니다.

본문에서 간절한 마음으로 예수님을 기다렸던 시므온을 봅니다. 얼마나 메시아를 사모하며 기다렸던지 성령께서 주의 그리스도를 보기 전에는 죽지 아니할 것을 말씀하셨습니다. 결국, 그는 할례를 받기 위해 성전에 들어가신 아기 예수님을 안고 하나님을 향하여 이제는 죽어도 여한이 없다는 고백을 합니다.

우리는 시므온처럼 그가 가졌던 주님의 오심을 기다리는 간절한 마음을 간직해야 합니다. 대림절 기간 동안 예수님이 오셨음을, 오심을, 오실 것을 기억하는 은혜의 시간이 되길 바랍니다.

함께 나누기

1. 당신은 예수님이 이 땅에 오셨음을 믿습니까?
   _____
   _____
   _____

2. 당신은 예수님이 이 땅에 오심을 믿습니까? 함께하시는 예수님을 전하는 자가 되길 바랍니다. 혹시 기도로 준비하는 전도 대상자가 있습니까?
   _____
   _____
   _____

3. 예수님은 이 땅에 다시 오실 것입니다. 대림절 기간을 어떻게 보내시겠습니까?
   _____
   _____

한 주간의 기도 제목

나 _____
가정 _____
교회 _____

제50과
예수
성경: 마 1:21절 / 찬송: 90장

"아들을 낳으리니 이름을 예수라 하라 이는 그가 자기 백성을 그들의 죄에서 구원할 자이심이라 하니라"(3절)

하나님은 예수의 이름이 구원이라고 하십니다. 이런 하나님의 말씀이 전해진 이후 2000년 이상 동안 전 세계는 예수라는 이름을 부르고 기억합니다. 이것은 믿는 사람이나 믿지 않는 사람이나, 남자나 여자나, 젊은 사람이나 나이든 사람이나 마찬가지입니다.

그렇다면 예수라는 그 이름에 도대체 어떤 의미가 있기에 하나님은 왜 예수라는 이름을 주시고 사람들이 그 이름을 기억하기를 원하실까요?

첫째, 예수 그 이름은 모든 사람을 죄에서 구원할 이름입니다

본문은 이 사실을 분명하게 말씀합니다.

"아들을 낳으리니 이름을 예수라 하라 이는 그가 자기 백성을 그들의 죄에서 구원할 자이심이라 하니라"

여기에서 자기 백성은 유대인이나 어떤 특별한 사람이 아닙니다. 분명한 것은 자기백성은 모든 사람을 가리키는 단어입니다. 그 이유는 하나님께서 이 세상의 모든 사람들을 창조하신 창조주이시기 때문입니다.

성경은 한결 같이 예수 그리스도를 믿으면 누구든지 구원을 받는다고 말씀합니다. 왜 그렇습니까? 모든 사람이 다 하나님이 만드시 하나님의 백성이기 때문입니다. 다 하나님의 소유이고, 다 하나님 주권 아래 있는 존재들이기 때문입니다. 그런데 문제는 이를 인정하여 예수를 구주로 믿는 사람이 있고 거절하는 사람이 있습니다. 성경은 특히 이 사실을 거절하는 사람들에게 로마서 1장 20절에서 이렇게 말씀하십니다.

"창세로부터 그의 보이지 아니하는 것들 곧 그의 영원하신 능력과 신성이 그가 만드신 만물에 분명히 보여 알려졌나니 그러므로 그들이 핑계하지 못할지니라"

여러분, 분명한 것은 하나님이 믿지 않은 자들을 심판하실 때 핑계를 댈 사람이 아무도 없다는 것입니다. 그렇기에 우리는 예수 그 이름이 우리를 구원할 그 이름임을 알고, 그를 믿고 경배하는 사람에게는 모든 죄에서 구원함을 받아 하나님의 자녀가 되고 천국백성이 되길 바랍니다.

둘째, 예수 그 이름은 사랑의 이름입니다.

예수님이 이 땅에 오실 때 그냥 온 것 같지만 그렇지 않습니다. 하나님의 결단과 아들 되신 예수님의 결단이 있었습니다. 우리 아버지 되신 하나님은 우리를 위하여 이렇게 결단하셨습니다. 요한복음 3장 16절입니다.

"하나님이 세상을 이처럼 사랑하사 독생자를 주셨으니 이는 그를 믿는 자마다 멸망하지 않고 영생을 얻게 하려 하심이라"

한 분이신 독생자를 우리를 위해 보내주셨습니다. 어떻게 이럴 수가 있습니까? 그 이유는 단 한 가지입니다. 우리를 사랑하기 때문입니다.

예수님은 이 땅에 오셔서 사람들의 죄를 지고 십자가에 죽으십니다. 의인을 위하여 죽는 자가 쉽지 않고 선인을 위하여 용감히 죽는 자가 혹 있다고 합니다. 이것은 남을 위해 죽는 것이 얼마나 어려운지를 이야기 합니다. 누가 남을 위해서 죽을 수 있겠습니까?

그런데 예수님은 사랑으로 그 일을 감당하셨고, 결국에는 그 일을 이루셨습니다. 그리고 예수 그 이름을 믿음으로 믿고 고백하는 우리는 완전히 다른 사람이 되었습니다.

하나님의 조건 없는 사랑이, 하나님의 절대적인 사랑이 우리를 바꾸셨습니다.

그러니 예수, 그 이름은 이 세상에 누가 어떻게 이야기 할지라도 사랑의 이름입니다. 우리는 과거 죄인이요, 멸망의 자녀였지만 이제는 사랑 안에 하나님의 자녀요, 성도요, 축복의 사람입니다. 다 예수님 때문입니다. 모든 죄에서 구원할 사랑의 그 이름을 믿었기 때문입니다.

이제는 예수님으로 인하여 바뀐 인생을 원망과 불평 속에서 눈물 흘리며 사는 것이 아니라, 주신 기쁨 속에서 평안을 누리며 복되게 살기를 바랍니다.

함께 나누기

1. 당신에게 예수의 이름은 어떤 의미를 가집니까?
   _____
   _____
   _____
   _____

2. 예수님 때문에 당신의 삶은 어떻게 바뀌었습니까?
   _____
   _____
   _____
   _____

3. 당신은 사랑의 그 이름, 예수로 바뀌었습니다. 앞으로 남은 인생을 어떻게 살아가겠습니까?
   _____
   _____
   _____
   _____

한 주간의 기도 제목

나 _____
가정 _____
교회 _____

제51과
한 사람을 찾아오신 예수님
성경: 요 4:3-14절 / 찬송: 428장

"사마리아 여자 한 사람이 물을 길으러 왔으매 예수께서 물을 좀 달라 하시니"(7절)

오늘 본문을 보면 예수님은 누군가를 만나러 사마리아 수가성 우물가를 찾으십니다. 예수님이 갈릴리로 가시면서 제자들에게 사마리아를 통과하여야 하겠다라고 분명히 말씀하십니다. 대체로 유대인들은 사마리아를 통과하지 않고 요단 동편 길을 우회하여 갑니다. 그런데 예수님은 반드시 사마리아를 통과해서 가시겠다고 왜 말씀하셨을까요? 그것은 사마리아에서 분명히 만나야 할 한 사람이 있었기 때문입니다.

그렇다면 예수님은 이 땅에 사람의 몸을 입으시고 오신 이유가 무엇일까요? 예수님이 이 땅에 오신 분명한 이유를 깨닫길 원합니다.

첫째, 예수님이 찾아가신 한 사람은 사마리아 여인입니다

예수님은 유대에서 출발하여 수가라는 동네 야곱의 우물이 있는 곳에서 사마리아 여인을 기다리셨습니다. 그리고 여인을 만나자 "물을 좀 달라"고 하셨습니다. 그러자 여인이 "당신은 유대인으로서 어떻게 사마리아 여자인 나에게 물을 달라고 합니까?"라고 묻습니다. 이 여인이 왜 이렇게 말했을까요?

이스라엘 민족은 솔로몬 왕 이후로 북이스라엘과 남유다로 나눠지면서, 북이스라엘이 앗수르에 점령당하면서 이주민 정책으로 사마리아에

수많은 이주민들이 들어오게 됩니다. 그러면서 순수한 유대 혈통을 보존할 수 없었던 북이스라엘은 남유다로부터 멸시를 당했습니다. 그 이후로 유대인들은 사마리아 사람들을 아주 멸시했고, 반대로 사마리아 사람들은 유대인들을 적대시하였습니다.

사마리아 여인은 이런 관계 속에서 유대인 예수님에게 날을 세워가면 물었던 것입니다. 그러나 예수님은 유대인들이 멸시하든 미워하든 상관없이 구원이 필요한 영혼을 만나러 사마리아 땅에 가셨습니다.

그렇습니다. 예수님은 사람을 구원하는데 있어서 그 사람이 어떤 사람인지를 가리지 않으십니다. 조건이 없습니다. 한 여인을 천국백성 삼으시기 위해서 찾으셨던 것처럼 예수님은 우리를 찾아오셨고 천국백성으로 삼아주셨습니다. 이것이 예수님의 사랑이고 은혜입니다. 이 은혜와 사랑을 기억하며 성탄을 기다리시기를 바랍니다.

둘째, 예수님이 찾아오신 그 여인은 평범한 여인이 아닙니다

이 사마리아 여인은 남편이 다섯이나 있었고 지금은 여섯 번째 남편하고 사는 여인입니다. 이 여인을 비난하기 전에 우리는 이 여인이 얼마나 많은 상처와 고통을 가지고 있었는지를 생각해 보아야 합니다.

이 여인은 유대사람의 멸시를 받는 사마리아 사람이며, 거기에다가 그 사마리아 사회에서조차도 떳떳하지 못할 여인을 만나러 지금 예수님께서는 사마리아로 오신 것입니다.

이처럼, 예수님은 사람을 그저 사랑할 대상으로 보셨습니다.

이전에 어떤 모습이었는지, 현재 어떤 모습인지가 중요한 것이 아닌 그저 사랑할 대상, 진정한 참된 목자였습니다.

참된 목자는 이런 분입니다. 누가복음 15장 4절입니다.

"너희 중에 어떤 사람이 양 백마리가 있는데 그 중의 하나를 잃으면 아흔아홉 마리를 들에 두고 그 잃은 것을 찾아내기까지 찾아다니지 아니하겠느냐"

누가 나를 위하여 끝까지 포기하지 않겠습니까? 누가 나를 끝까지 찾고자 내 이름을 불러주겠습니까? 누가 나를 위하여 대신 죽겠습니까?

아무런 조건을 보지 않으시고 그 영혼을 살리기 위하여 이 땅에 오시고 십자가를 지신 오직 예수님만이 우리를 포기하지 않으시고, 끝까지 찾으시고, 대신 죽으셨으며 불러주셨습니다.

성탄절을 앞둔 이 대림절 기간 예수님의 은혜를 기억하며 감사하길 바랍니다. 그리고 우리 주님되시는 예수님과 영원토록 함께하기를 바랍니다.

함께 나누기

1. 예수님은 사마리아 여인을 왜 찾으러 가셨습니까?
   _____
   _____
   _____
   _____

2. 당신은 사람들을 볼 때 어떤 조건을 봅니까?
   _____
   _____
   _____
   _____

3. 예수님은 당신을 조건 없이 사랑하셨습니다. 그렇게 느껴진 적이 있습니까? 당신은 앞으로 어떻게 하겠습니까?
   _____
   _____
   _____
   _____

한 주간의 기도 제목

나 _____
가정 _____
교회 _____

제52과
마리아의 아들 예수
성경: 막 6:1-6절 / 찬송: 94장

"이 사람이 마리아의 아들 목수가 아니냐 야고보와 요셉과 유다와 시몬의 형제가 아니냐 그 누이들이 우리와 함께 여기 있지 아니하냐 하고 예수를 배척한지라"(3절)

만약 예수님이 이 땅에 오시지 않았다면 우리는 지금도 여전히 죄의 문제로 인하여 두려워하고, 하나님 앞에서 떨고 있을 것입니다. 하지만 예수님께서 이 땅에 오셨기 때문에 우리는 하나님의 자녀가 되었습니다. 죄의 문제를 해결 하였습니다. 그렇기에 날마다 이 땅에 오신 예수님을 기쁨으로 맞이하길 바랍니다.

예수님이 오신 날은 이미 전 세계적인 기쁨의 날이 되었습니다. 사실 세상 사람들은 기쁨의 아무런 이유가 없습니다. 그냥 서로 축복하고 즐기기 때문입니다. 그들은 성탄의 진정한 의미를 모른채 분위기에 휩쓸려 즐깁니다. 하지만 우리는 다릅니다. 우리는 성도입니다. 세상 사람들과는 확연히 다른 성탄의 즐거움이 있어야 합니다.

오늘 본문을 보면 사람들이 예수님에 대해서 이렇게 이야기 합니다.

"이 사람이 마리아의 아들 목수가 아니냐"(3절)

이 말은 사람들이 예수님을 바라보는 시선을 표현한 것입니다. 그런가 하면 예수님께서 사람들에게 보여주신 모습이기도 합니다. 그렇다면 우리는 어떤 시선으로 예수님을 바라보아야 할까요?

첫째, 예수님은 가장 평범한 모습으로 우리에게 오셨습니다

사실 예수님의 행적은 남달랐습니다. 예수님이 회당에서 가르치시자 사람들이 어떻게 받아들입니까? 그 가르치시는 것이 다른 사람과는 달랐다고 합니다. 당시 바리새인들이 가르치는 것과는 질적으로 달랐습니다. 딱 짚어서 뭐라고 말하기는 어렵지만 예수님의 가르침을 들었을 때, 느낌 자체가 달랐습니다. 사람들은 그것을 느끼고 있었습니다. 그뿐만이 아닙니다. 예수님이 가시는 곳마다 놀라운 일이 벌어졌습니다. 예수님이 안수하여 기도할 때마다 병이 낫고 귀신이 나갔습니다. 그분의 행동에는 거침이 없었고 또한 깊은 사랑이 묻어났습니다.

그러니 예수님이 하시는 일들은 뭐라고 말할 수 없지만 놀라운 권세가 넘치는 모습임에는 틀림없었습니다. 그래서 사람들은 그런 예수님의 행동을 보면서 놀라워 했습니다. 그런데 이때 고향 사람들은 예수님에 대해서 특별할 게 하나도 없었습니다. 고향 사람들에게 있어 예수님은 단지 마리아의 아들이고 목수였을 뿐입니다. 전혀 색다른 특별한 인물이 아니었습니다.

우리는 생각해보아야 합니다. 우리에게 예수님이라는 존재는 너무나 특별하지만, 세상 사람들에게는 특별하지 않다는 것입니다. 혹시 예수님께서 원하시는 것이 이런 모습은 아닐까요? 화려하고 왕의 행차처럼 온 동네가 떠들썩하게 오시기를 원하시는 것이 아니라, 가장 평범한 모습으로 우리 가운데로 오셨습니다.

이것이 예수님이 원하시는 바라면, 성탄절을 맞이하고 기쁨으로 살아가는 우리들 역시 이러한 예수님의 모습을 따라야 하지 않을까요? 세상에 평범하고 친근한 모습으로 그들과 함께할 수 있는 예수의 정신이 있어야 하지 않을까요? 이제는 이 땅에 오신 예수님처럼, 가장 낮은 자리에서 함께 돌아볼 수 있기를 바랍니다.

둘째, 사람들은 예수님을 믿지 않았음을 기억해야 합니다

가장 평범한 모습으로 저들 가운데 오신 메시아를 사람들은 어떻게 대접합니까? 너무 평범하게 여긴 나머지 예수님을 믿음으로 받아들이지 않았습니다. 너무나 평범한 모습으로 오신 나머지, 평범함 너머에 있는 예수님의 참 가치를 보지 못하고 있습니다.

이 땅에 육신을 입고 오신 예수님 사건에서 가장 불행스러운 일은 바로 이것입니다. 가장 친근하게 오신 그 은혜를 깨닫지 못하고 오히려 믿지 못하는 자가 되는 것 말입니다.

우리는 깨닫지 못한 저들을 보며 마음에 경계심을 가져야 합니다. 다른 말로 표현하면 깨어 있어야 합니다. 세상 사람들과 가까워지고, 가장 평범한 모습으로 세상 사람들 속으로 들어가다가 자칫 세상 사람들과 똑같아지는 모습이 되어서는 안 됩니다.

우리가 세상 속으로 들어가야 하는 것은 그리스도의 삶을 본받기 위해서이지 결코 세상을 닮기 위해서가 아닙니다. 그래서 깨어 있어야 합니다. 예수님의 참된 가치를 붙잡고 이 땅에 아기 예수님이 오신 이유를 분명히 기억하며 세상 속으로 들어가 영혼들을 살리는 위해 힘쓰시기를 바랍니다. 세상에 참 빛이신 예수님을 알리고 참된 기쁨을 전하기를 바랍니다.

함께 나누기

1. 예수님은 이 땅에 어떤 모습으로 오셨습니까?
   _____
   _____
   _____
   _____

2. 예수님이 세상을 향한 마음은 무엇입니까?
   _____
   _____
   _____

3. 당신은 세상을 향하여 어떤 모습으로, 어떤 마음을 가지고 나 가겠습니까?
   _____
   _____
   _____

한 주간의 기도 제목

나 _____
가정 _____
교회 _____